von oben nach unten:
– Bryce Canyon National Park, Utah
– The Narrows im Zion National Park, Utah
– Sandsteinformation im Zion National Park
– Kriechend Bissiges im Everglades National Park, Florida
– Im Olympic National Park, Washington
– Bristle Cone Pines. Great Basin National Park, Nevada
– Bergziege (Mountain goat) im Glacier National Park, Montana
– Old Rag Mountain im Shenandoah National Park, Virginia

vorhergehende Doppelseite:
Clepsydra Geyser im Lower Geyser Basin. Yellowstone National Park, Wyoming

Amerikas Naturparadiese

Fotos/Bildlegenden: Max Schmid
Text: Heike + Bernd Wagner
Gestaltung Umschlag vorne: Wolfgang Heinzel
Lektorat: Monika Goldschmidt

Bildlegenden SW-Abbildungen: Verlag

Printed in Spain/EU
ISBN 3-7243-0325-4

Die Schwarzweiß-Abbildungen verdanken wir
der Zentralbibliothek Luzern,
der Schweizerischen Landesbibliothek und Lion's Art.

Bild vorhergehende Seite:
Dickhornschafe (Ovis canadensis) leben in den USA vor allem in den Rocky Mountains

Gegenüberliegende Seite:
Das Emblem der US-Nationalparks symbolisiert eine indianische Speerspitze (die Kontur des Holzschilds) mit den stilisierten Motiven Berg, Baum, Bison

Amerikas Naturparadiese

Die Nationalparks der USA

Max Schmid · Heike und Bernd Wagner

terra magica

Reich Verlag

Textinhalt

Amerikas Juwelen des Naturschutzes

Die amerikanischen Nationalparks sind die Juwelen des Naturschutzes. Sie präsentieren sich wild, rauh und unbewohnt in den einsamen Parks Alaskas, schützen Naturwunder wie die Geysire und heißen Quellen des Yellowstone, den tiefen Grand Canyon, oder die ausgedehnten Everglades in Florida. Allen voran ist aber der amerikanische Südwesten der Inbegriff für die bekanntesten, faszinierendsten Landschaften Amerikas, ein Traumland. Die auch hierzulande in Filmen geweckte Vorstellung des «Wilden Westens» wirkt in ihrer Realität noch weitaus grandioser und überwältigender als jegliche Phantasie es zu schaffen vermöchte.

Mächtige Canyons im Zion, natürliche Steinbrücken im Arches National Park und bizarre Sandsteinformationen in verschwenderischer Fülle im Bryce Canyon verzaubern das Landschaftsbild des Colorado-Plateaus, wirken, als seien sie von einem großen Meister eigens in Szene gesetzt worden, atemberaubende Kunstwerke der Natur unter einem blauen Himmel. In diesem Szenario lebten hunderte von Jahren vor Ankunft der Weißen die Anasazi-Indianer in den Höhlenwohnungen von Mesa Verde und vielen anderen Canyons. Flüsse wie der mächtige Colorado River schufen das dramatische Landschaftsbild, den Grand Canyon, und Wasser bestimmt noch heute das Leben von Tieren, Pflanzen und Menschen in dieser trockenheißen Landschaft.

Wenn sich die Schleusen des Himmels öffnen, sturzt das Wasser meist in solch großen Mengen herab, dass es in der trockenen Erde gar nicht versickern kann, sondern in skurrilen Wasserfällen in der Wüste Purzelbäume schlägt und mit Riesenwucht durch die ausgetrockneten Canyons und Flussbetten schießt. Phantastische Nationalparks kennzeichnen den pazifischen Nordwesten. Gletscherbedeckte Vulkane wie Mount Olympus und Mount Rainier liegen in den regen- und schneereichen Cascade Mountains mit endlosen Wäldern, reißenden Flüssen, tiefblauen Kraterseen. Sie haben längst noch nicht den Schlaf des Gerechten angetreten, unter ihnen schlummert ein ungeheures Potential der Erdformung, wie im Jahre 1980 ihr Nachbar Mount St. Helens mit seiner großen Explosion bewies. Bis in den Himmel ragen an der kalifornischen Pazifikküste die Redwoods, die höchsten Bäume der Welt, und in den berühmtesten Parks der Sierra Nevada die Sequoia-Bäume. Ein Land der Kletterer und Wanderer, zwischen den uralten Wäldern schauen granitene Bergkuppen hervor, graziöse und doch kraftvolle Wasserfälle stürzen sich von ihnen in die malerischen Täler.

Abenteuerliche Rocky Mountains – sie stehen für eine alpine Berglandschaft, ein populäres, doch längst nicht überlaufenes amerikanisches Paradies, mit wilden Tieren, ungebändigten Bächen und urtümlichen kleinen Goldrauschstadten. In den Bergen des Rocky Mountain National Park nimmt der berühmte Colorado River seinen Anfang, der so viele Landschaften im Südwesten der USA geprägt hat, der ganze Landstriche und Städte mit seinem Leben spendenden Nass versorgt. In den Rockies liegt der Yellowstone, der erste Nationalpark der Welt, dessen Geysir «Old Faithful» seit Jahrhunderten im Stundenrhythmus eruptiert.

Einige Nationalparks in der dicht besiedelten amerikanischen Osthälfte weichen vom ausschließlichen Naturschutzschema ab und haben auch Kulturlandschaften und Siedlungsgeschichte integriert. Sie beschreiben ein weites Spektrum an Landschaftsformen – ein Patchwork-Arrangement von den wilden nördlichen Waldlandschaften der Großen Seen mit Wölfen und Elchen, rauher Küstenszenerie und kahlhäuptigen Bergen im Acadia National Park, phantastischen Tropfsteinhöhlen in den Mittelgebirgen Kentuckys bis hin zu den tropischen Unterwasserlandschaften und Mangrovenwäldern am südöstlichen Rand des Kontinents in den Everglades. Alaska ist eines der schönsten Naturparadiese auf Erden – hier träumt man noch von der Einsamkeit weiter Bergwälder, von schneebedeckten Vulkanen und blühenden Tundrawiesen, von blauweißen Gletschern und eisig kalten Lachsströmen. Der nördlichste US-Bundesstaat verzeichnet kaum Einwohner, aber ausgedehntes Parkland, das in seiner grandiosen Wildheit und Unberührtheit zum Sehnsuchtsziel der Reisenden wird. Alaskas Nationalparks bleiben bis auf wenige Ausnahmen dem Autotouristen verschlossen. Mit Bussen tourt man zum Fuß des über 6000 Meter hohen Denali, Nordamerikas höchstem Gipfel, ein Paradies der Grizzlybären und Karibus. Ausflugschiffe erkunden die nebelumwehten Küstenregionen von Glacier Bay oder Kenai Fjords mit phänomenal kalbenden Gletschern, die haushohe Eiswände ins Meer krachen lassen und Walen und Seelöwen eine Heimat bieten.

Eisbären an Alaskas Küste

Naturinseln im Strom der Zeit

Was ist ein Nationalpark?

Die Naturschutzkriterien für Nationalparks sind sehr eng gefasst: kein menschlicher Einfluss darf in die Naturräume eindringen, also keine Jagd, kein Weideland, kein Bergbau, auch keine Holzwirtschaft. Ungestört, aber wohlweislich wachsam im Auge behalten, bleibt die Natur sich weitgehend selbst überlassen. Zugleich aber wollen Nationalparks die spezifischen Sehenswürdigkeiten einer Naturregion den Menschen im wahrsten Sinne des Wortes näher bringen. So unberührt die Natur eines Parks ist, die Infrastruktur wurde autogerecht gestaltet, was nicht allein aufgrund der weiten Entfernungen von unschätzbarem Vorteil ist, es wurden Unterkünfte, Restaurants und andere touristische Einrichtungen geschaffen.

Der National Park Service – eine amerikanische Institution zwischen Wildnis und Bürokratie

Zunächst wurden Kavalleriesoldaten, die allein oder zu zweit riesige Areale bewachen mussten, die Kontrolle der ersten Parks, die Führung von Touristen und die Feuerwache übertragen. «Park Rangers» im heutigen Sinne gab es noch nicht. Armeesoldaten schlugen Pfade und Kutschenwege in die Wildnis, bauten Schutzhütten, Aussichtsplattformen und andere Anlaufpunkte für Besucher. Angestellte unterschiedlicher Behörden betreuten den Park nach eigenem Ermessen. Sie besaßen oft keine Erfahrung im Naturschutz und auch keine spezifizierten Richtlinien.
Touren in den Westen wurden bereits im ausgehenden 19. Jahrhundert national propagiert. Finanzkräftige Urlauber sollten nicht in andere Kontinente reisen, sondern ihr Geld im eigenen Lande ausgeben und den nationalen Tourismus fördern. Da aber nur ein eng begrenzter Teil der Bevölkerung genügend Zeit und finanzielle Mittel hierfür besaß, hielten sich die Besucherzahlen zunächst in Grenzen. Noch war die natürliche Welt in den amerikanischen Nationalparks relativ heil.
Die Propagierung der Parks als Reiseziele verfehlte ihr Ziel aber nicht. Sie brachte jedoch nicht nur wachsenden touristischen Zuspruch, sondern auch eine steigende Anzahl von Problemen mit sich. Oft blieb es nicht beim Bewundern, viele Urlauber erlebten die Landschaften und ihre Formen auf ihre Weise, zerstörten indianische Wandmalereien, zertrampelten Geysirbecken, ließen Abfälle auf Wiesen und in Wäldern liegen. Neugier und Sensationslust überwogen, wie zum Beispiel im Yellowstone National Park, wo sogar in den heißen Quellen gebadet und Wäsche gewaschen wurde.
Mit zunehmender Popularität der Nationalparktouren erfolgte auch die Entwicklung interner Infrastruktur. Zufahrtsstraßen zu den Hauptsehenswürdigkeiten, Hotels, Restaurants, Wanderwege entstanden nach bestem Wissen und Gewissen, doch nicht nach optimaler Planung. Im beginnenden 20. Jahrhundert wurde allmählich klarer, dass die Landschaften in Gefahr standen, von der Gunst und auch dem Unwissen der Menschen überwältigt und gefährdet zu werden. Regelungen zur Kontrolle des Urlauberstroms waren längst notwendig geworden. Neben dem eigentlichen Schutz der Natur musste den Besuchern ein besseres Naturverständnis vermittelt, aber auch ein besserer Service geboten werden.
«Die Landschaft ist ein leeres Vergnügen für den Touristen, der am Morgen aufbricht nach einem unverdaulichen Frühstück und unruhigem Schlaf auf einem unmöglichen Bett»,

beklagte Stephen Mather, der spätere Superintendent (Direktor) der amerikanischen Nationalparkverwaltung, 1914 die unbefriedigende und unzusammenhängende Art des Besucher-Managements in den Parks. Zusammen mit dem Rechtsanwalt Horace Albright entwarf er in der Hauptstadt Washington ein funktionelles System, das sowohl adäquate Gesetze zum Schutz der Natur, eine regulierte Nutzung durch den Tourismus als auch Finanzierungsquellen beinhaltete. Eine gemeinsame Verwaltung und übergeordnete Koordinierung war auch dringend notwendig, denn 1916, im Gründungsjahr des von Mather und Albright geschaffenen «National Park Service», gab es in den USA bereits insgesamt 14 Nationalparks, von denen heute zwei, Platt und Sully Hills, nicht mehr existieren.

Alte und neue Nationalparks

Im Jahre 1872 entstand der Yellowstone als erster Nationalpark der Welt, dem im ausgehenden 19. Jahrhundert mit Kings Canyon, Sequoia und Yosemite in Kalifornien (jeweils 1890) beziehungsweise mit Mount Rainier (1899) im Staat Washington vier weitere folgten. Im frühen 20. Jahrhundert entstanden Crater Lake (1902), Wind Cave (1903), Mesa Verde (1906), Glacier (1910), Rocky Mountain (1915), Lassen Volcanic und Hawaii Volcanoes (jeweils 1916), Denali (1917, erster Nationalpark in Alaska) sowie im Jahre 1919 Acadia (erster Nationalpark im Osten der USA), Grand Canyon und Zion.

Noch immer werden weitere Nationalparks ins Leben gerufen, zuletzt 1994 Saguaro in Arizona sowie Joshua Tree und Death Valley in Kalifornien, die bereits zuvor als «National Monuments» unter Naturschutz standen. Heute verwaltet der «National Park Service» insgesamt 54 Nationalparks, von denen das vorliegende Buch 50 Gebiete beschreibt. Zwei weitere Parks liegen auf den Hawaii-Inseln, einer auf Samoa, einer auf den Virgin Islands (Jungferninseln).

National Park Ranger – Symbolfigur der Nationalparks

In seinem olivgrünen Hemd, der grauen oder braunen Hose und dem Hut mit dem schwarzen Band und der breiten Krempe ist der Ranger ein unbestrittenes Symbol der amerikanischen Nationalparks. Seine Arbeit in freier Natur und seine vorbildhafte Stellung als oberster Naturschützer machen ihn zur romantisierten Identifikationsfigur der Parks, zum Bindeglied zwischen einer Urnatur und der modernen Zivilisation – ein bekannter Berufsstand, der zum Vorbild für fast alle Nationalparks der Welt wurde. Als sich die Armee mit der Gründung des «National Park Service» aus den Parks zurückzog, wuchsen Zivilisten in die Aufgaben der Armeesoldaten hinein, übernahmen neben den Funktionen auch Merkmale der Soldaten, wie zum Beispiel das Tragen einer Uniform und die Fertigkeiten im Reiten und Schießen.

Ranger sind die Ansprechpartner in den Parks, sie leiten naturkundliche Wanderungen («beaver walks» wie im Acadia, «star gazing» wie im Bryce Canyon, «cactus walks» wie im Big Bend»), moderieren abendliche Programme am Lagerfeuer (Campfire Circles), betreuen Besucher in den Parkinformationen (Visitor Centers).

Ein weitaus größerer Arbeitsbereich spielt sich hinter den Kulissen ab, was dem Publikum ver-

Textfortsetzung Seite 25

Hängende Gärten in den Dächern des Regenwaldes im Olympic National Park, Washington

nächste Doppelseite: *Hoh Rain Forest. Olympic National Park*

übernächste Doppelseite: *Das Massiv des Mount Olympus im ersten Morgenlicht. Olympic National Park*

Rieseninsektenbeine am Küstenstreifen des Olympic National Park, Washington

Von der Brandung geschliffenes Treibholz. Olympic National Park

An der Küste des Olympic National Park, Washington

Hurricane Ridge im Olympic National Park

Typisch regnerisches Wetter im Olympic National Park

Brandungsskulpturen aus Holz im Olympic National Park

Wo die Wolken nur selten den Blick freigeben. North Cascades National Park, Washington

Hochalpine Szenerie am Rainy Pass am Rande des North Cascades National Park

nächste Doppelseite: *Wo die beeindruckendsten Gletscher der «Lower 48» Vereinigten Staaten zu finden sind. Mount Rainier National Park, Washington*

übernächste Doppelseite: *Südseite des Vulkans Mount Rainier, in dessen Innerem nach wie vor apokalyptisches Feuer schlummert*

Mount Rainiers Reflektion auf dem Chinook Pass, Washington

borgen bleibt. Ranger besitzen innerhalb der Nationalparkgrenzen volle Polizeigewalt, sie regeln den Verkehr, rufen zur Räson auf, organisieren Rettungsaktionen für in Not geratene Bergsteiger und Wanderer. Sie sind für die Verwaltung, die ökologische und ökonomische Rahmenplanung zuständig, leiten Forschungsprogramme, die für das Fortbestehen des Parks von größter Bedeutung sind, und sammeln nicht zuletzt auch Abfall im Hinterland auf, der von achtlosen Touristen aus aller Welt hinterlassen wurde.

Visitor Center – Informationen aus erster Hand

Im allgemeinen ist das Visitor Center (Parkinformation) der erste Anlaufpunkt beim Besuch eines Nationalparks. Einführungsfilme, Diaschauen und Ausstellungen vermitteln anschaulich und lehrreich Impressionen von Flora, Fauna und Geologie oder der menschlichen Besiedlung durch frühe Indianer und weiße Einwanderer.
Ranger vermitteln Ideen zur aktiven Freizeitgestaltung, etwa Hinweise auf lohnende Wanderwege verschiedener Längen- und Schwierigkeitsgrade, auf die besten Autorouten und Aussichtspunkte, auf gute Spots für Tierbeobachtungen. Dazu gibt es einen «Park Folder», ein Faltblatt mit Kurzinformationen und ausgezeichneter Landkarte, in größeren Parks zusätzlich eine «Park Newspaper», eine eigens herausgegebene Parkzeitung, mit Veranstaltungsprogrammen von Ranger-geführten Wanderungen über abendliche «Campfire Circles» bis hin zu Tierbeobachtungstouren und anderen Spezialprogrammen. Erst mit diesen Informationen kann man einen optimalen Parkaufenthalt planen.

Wanderwege – zu Fuß in die Natur

Die Nationalparks verfügen über eine große Vielfalt an Wanderwegen (Hiking Trails). In Straßennähe führen die hervorragend markierten und instand gehaltenen, kurzen Naturlehrpfade (Nature Trails) zu spezifischen Landschaftsmerkmalen der Region. Sie erläutern etwa den Lebensraum der ersten Siedler, die Auswirkungen von Biberdämmen auf die Umwelt und anderes mehr. Auf längeren Wegen mit Übernachtung im Hinterland (Backpacking Trails) müssen Wanderer Zelt, Kocher und Schlafsack mitnehmen und sich selber versorgen, nur ganz wenige Schutzhütten existieren im Hinterland.

Fluch und Segen – Waldbrände in Nationalparks

Schon bei der Bekämpfung von Waldbränden spiegelt sich die Problematik des Nationalparkgedankens wider. Soll man den Gewalten der Natur auch bei Feuer freien Lauf lassen? In den Anfangsjahren der Nationalparks wurden Brände mit allen Mitteln bekämpft. Das Ergebnis – die Parks erhielten einen unnatürlichen, überalterten Baumbestand, auf dem Boden sammelte sich ausgedörrtes Unterholz an, das je länger es lag, je ausgetrockneter es wurde, erst das notwendige Potential für Feuersbrünste schuf.
Durch Blitzschlag ausgebrochene Brände sind integraler Bestandteil der Erdgeschichte. Sie schaden dem Wald nur auf den ersten Blick. In Wirklichkeit sind sie weder Segen noch Fluch,

sondern ein vollkommen natürlicher, unverzichtbarer Baustein im Kreislauf der Natur, der Freiraum für eine neue Vegetation schafft.
Auch die Nationalparkverwaltung schloss sich dieser neuen Erkenntnis an. Statt löschen hieß es mit gewissen Einschränkungen «let it burn», so weit brennen lassen, dass ein Waldbrand in den menschenleeren Weiten nicht auf benachbarte Wohn- und Forstwirtschaftsgebiete oder ausgebaute Parkinfrastruktur überspringen kann.
In rund einem Dutzend Parks dürfen sich Flammenherde unter bestimmten Voraussetzungen ungestört durch die Wälder fressen, mehr noch: es erfolgt ein geregeltes «Fire Management», indem künstliche, kontrollierte Brände «Controlled Burns» entfacht werden. Damit will man die natürliche Regenerierung des Waldes von Fall zu Fall fördern und zudem durch regelmäßige kleinere Brände das Unterholz in kürzeren Zyklen abbrennen. Die Auswirkungen und Problematik eines Waldbrandes lassen sich exemplarisch im Yellowstone National Park dokumentieren. 1988 herrschte dort ein extrem trockener, warmer Sommer mit kräftigen Winden, am Boden lagen Mengen an ausgedörrtem Unterholz. Etwa alle hundert Jahre treffen im Yellowstone diese Voraussetzungen zusammen, jedes Jahrhundert bricht dort ein verheerendes Flammeninferno aus.
9000 Feuerwehrmänner kämpften seinerzeit gleichzeitig im größten Waldbrandeinsatz der US-Geschichte, aber erst Regen und Schnee bereiteten Monate später der Feuerwalze den endgültigen Garaus. 5600 Quadratkilometer

Familie Schwarzbär

Nur Brandbekämpfungsspuren bleiben

Nur begrenztes Kontingent für Wandertouren

im Yellowstone und angrenzenden Gebieten fielen den Flammen zum Opfer, rund 40 Prozent des Parks verkohlten. Die Brandschäden sind gleichwohl weniger dramatisch und weniger dauerhaft, als es der erste Anschein im Yellowstone und anderen Parks vermuten ließ. Schon nach wenigen Jahren sprießen an Brandherden wieder üppige Wiesen mit jungen Bäumen. Tierverluste halten sich in Grenzen, größere Säugetiere fliehen zumeist. Im Yellowstone starben 1990 zwei von 6000 Elchen, neun von 2700 Bisons und zwei von 500 Schwarzbären in den Flammen, die 200 Grizzlybären überstanden das Feuer sogar unbeschadet. Aber wo der Mensch mit schwerem Gerät tiefe, bei kräftigem Wind gleichwohl wirkungslose Brandbekämpfungsschneisen geschlagen hatte, bleiben die Spuren wohl ein Jahrhundert bestehen.

Ausblick in die Zukunft

Freizeit wird weltweit groß geschrieben. Reisende wenden mehr Zeit und Geld auf, als je vorstellbar war – heraus aus der Stadt und zurück zur Natur heißt die Devise. Nicht nur die amerikanische Gesellschaft ist mobil geworden. Zur Jahrtausendwende werden auf den vorzüglichen US-Highways, die mit ihren Seitenarmen und Nebenstraßen selbst in entlegendste Gegenden vordringen, über 200 Millionen Autos unterwegs sein. Nationalparks sind längst nicht mehr nur in nationalen Reiseplänen verankert, Feriengäste aus allen Kontinenten strömen heute zu den Naturwundern der USA.

Die atemberaubenden jährlichen Besucherzahlen (Grand Canyon etwa 4,5 Millionen, Yosemite knapp vier Millionen, Yellowstone knapp drei Millionen) entwickeln sich zu exemplarischen Problemfällen. Schon heute erleben Kalifornier an Hochsommerwochenenden im Yosemite ein Desaster, wenn die Rundstraße im kleinen Yosemite Valley vollkommen verstopft ist und «rien ne va plus», nichts mehr geht und nur noch Umkehren hilft. Mit viel zu engen Straßen, überfüllten Parkplätzen, Hotels und «Campgrounds» scheint die veraltete Parkinfrastruktur dem Ansturm längst nicht mehr gewachsen. Aber soll man alles vergrößern, um noch mehr Urlauber anzulocken? Gerät die Natur in den Parks nicht selbst in Bedrängnis, wenn immer mehr zivilisatorische Einflüsse das Bild bestimmen, tausende von Besuchern die Wege zertrampeln, Parkplätze und Tankstellen das Bild bestimmen?

Fremdenverkehr ist heute der bestimmende Wirtschaftsfaktor im Umkreis der Parks, und es leuchtet ein, dass bestimmte Parkteile gewissermaßen einer touristischen Infrastruktur geopfert werden, um andere wild und ursprünglich zu erhalten. Dazu notwendige Systeme und Regulierungen sollen zugleich dem Schutz der Natur und dem Erholungsbedarf der Menschen gerecht werden, müssen dabei einander komplementieren und dürfen nicht gegeneinander arbeiten. Dem Ansturm auf wenige, leicht erreichbare Sehenswürdigkeiten steht schon heute das Begrenzen der Besucherzahlen im Hinterland gegenüber. Für Wandertouren mit Übernachtung auf abseits gelegenen «Campgrounds» vergeben die Ranger nur ein eng begrenztes Kontingent an Genehmigungen (Permits). Werden vielleicht in Zukunft auch limitierte Anzahlen von Eintrittskarten für Nationalparks zugeteilt? An der Schwelle des 21. Jahrhunderts vollbringen die Nationalparks eine Gratwanderung zwischen dem Schutz ökologisch unberührter, wertvoller Lebensräume und dem Anspruch, Erholung für ein Millionenpublikum zu bieten. Mit vielen Antworten und noch mehr Fragen steuern wir auf das nächste Jahrtausend zu.

Nationalparks im Südwesten

Arches National Park

Staunend begeben wir uns in den Arches National Park, das unvorstellbare Wunderland aus Stein und Wüste im südwestlichen Utah, das wie kaum ein anderer Park fasziniert. Über 2000 natürliche Felsöffnungen zählt man hier – die größte Konzentration von natürlichen Steinbögen auf der Welt. Die zu phantastischen Formen erodierten «Arches» sind fast ausnahmslos aus rötlich braunem Entrada-Sandstein und gelblich braunem Navajo-Sandstein beschaffen.

Ihre Entstehungsgeschichte greift weit in prähistorische Zeiten zurück. Vor rund 300 Millionen Jahren lagerte sich aus einem frühen Ozean Salz unter diesem Teil der Erde ab. In nachfolgenden Jahrmillionen sammelten sich darauf Staub und Sand, die im Laufe der Zeit zu Gestein zusammengepresst wurden. Der immense Gesteinsdruck begann ruckartige Bewegungen des Salzbettes auszulösen, welche Teile des Landes schichtenweise kippten und wild verwarfen. Während unter der Erde irgendwann Ruhe einkehrte, nagten die Erosionskräfte Wind und Wasser in ihrem unaufhörlichen Zusammenspiel ungestört an den ausgesetzten Gesteinsschichten. Extreme Hoch- und Niedrigtemperaturen tun seit Urzeiten das ihrige dazu, den Sandstein zu erweichen. Das in Felsritzen gesammelte Wasser gefriert in der Nacht, sprengt Teile der Felsen heraus, während der Sandstein tagsüber wie ein Backofen von der gleißenden Wüstensonne aufgeheizt wird.

Mit gefüllten Wasserflaschen, Sonnenbrille und -hut begeben wir uns auf kurzen Streifzügen zu Fuß in die Stein- und Wüstenwildnis. Viele grandiose Felsmonumente, wie die Courthouse Towers in der Nähe des Parkeingangs, sind von der Straße aus zu sehen. Doch offenbart sich uns ihre wahre Größe und Schönheit erst, als wir vergleichsweise winzigen Menschengestalten auf dem knapp 1,5 Kilometer langen Park Avenue Trail am Fuße der steinernen Giganten entlangwandern. Die «Three Gossips» – ähneln sie nicht wahrhaft drei geschwätzigen Wesen, die versteinert in ihrer kommunikativen Pose, zu weiteren tausend Jahren stummer Zwiesprache verurteilt sind?

Entlang der Great Wall, der großen steinernen Wand, die glatt und schier unbezwingbar himmelwärts strebt, fahren wir gen Norden. Zur Rechten breitet sich eine Landschaft versteinerter Dünen aus. Klobig und doch schwebend thront der tonnenschwere Balanced Rock entgegen allen Schwerkraftgesetzen auf einer vergleichsweise ziemlich schmalen Felssäule, sein Gestein ist weitaus härter als das seines Fußes. Der so undramatisch als «Fenstersektion» deklarierte Parkteil der Windows Section gehört ohne Übertreibung zum Besten, was der Arches National Park zu bieten hat, und egal wie wenig Zeit bei einem Besuch bleibt, bis hierher sollte man auf jeden Fall fahren. Beinahe ungläubig schweift der Blick hinauf zu North und South Window, die zusammen auch «The Spectacles», die Brille, genannt werden – ein monumentales Felskunstwerk von symbolhafter Ausstrahlung. Nur eine Sinnestäuschung, oder liegen da zwei Felsbögen, einer riesigen Brille ähnelnd, im roten Wüstenstaub?

Wir schauen hindurch und – im Blickfeld, unübersehbar und etwas skurril, steht der Turret Arch, gleich einer steinernen Festung komplett mit Tür, Fenster und einem Turm. So als wolle er dem ganzen Felsspektakel mit seiner massiven Dramatik noch eins draufsetzen, entspringen der Basis des Double Arch mächtig und anmutig zugleich zwei phantastischen Felsbögen – ein sattsam auch aus der europäischen Produktwerbung bekanntes klischeereiches Amerikabild, das in seiner umwerfenden

Realität allerdings sämtliche Erwartungen übertrifft.
Am östlichsten Parkzipfel erreichen wir nach einer 2,5 Kilometer langen Wanderung durch Wüstenstaub und über glatt polierte Felsplatten den Delicate Arch, das unumstrittene Symbol des Arches National Park. Über einer ausgewaschenen Felsschüssel wölbt sich ein einzelner, rötlich gelber Sandsteinbogen einem versteinerten Regenbogen gleich in den Himmel, während sich hinter ihm die glatten Klippen unerschrocken in die unergründlichen Tiefen eines Canyons stürzen. Am Horizont sammeln sich fedrige weiße Wölkchen über den schneebedeckten La Sal Mountains.
Der Devils Garden, der «Garten des Teufels», lockt uns in seine weniger furchterregenden, sondern vielmehr ehrfurchtgebietenden, geheimnisvollen Gefilde voller «Arches» auf engstem Raum. Zum längsten Sandsteinbogen der Welt gelangen wir nach einem kurzen Fußmarsch. 89 Meter weit strebt der Landscape Arch von Pfeiler zu Pfeiler. Er ist einer der ältesten Bögen hier, Zeit und Erosion haben seinen gewaltigen Felsbogen schon ganz dünn geschmirgelt.
Wahrhaft dramatische Akzente erhält die unter der sengenden Sonne hitzeflirrende Wüstenszenerie, wenn abendliche Gewitter für Ton und Beleuchtung sorgen. Sie bringen die «Flash Floods», bei denen rauschende Wasserfälle durch die ausgetrocknete Wüste stürzen. Blitze zucken über den nächtlich schwarzen Himmel und erhellen eine gespenstische Szenerie aus regennassen Felsmonumenten, vom Wind geschüttelten dürren Büschen und Wassermassen, die sich ungebändigt und wütend durch Felsspalten zwängen, über Felsbrocken wälzen und in ihrem wahnwitzigen Toben die Straße überschwemmen. Sie reißen aus dieser Landschaft, die in ihrem ureigenen Wesen so sehr von Trockenheit gekennzeichnet ist, große Gesteinsbrocken mit, verteilen herausgerissene Kakteen und Büsche an neuen Plätzen, verkeilen sie zu neuen Hindernissen, die es beim nächsten Gewittersturm wieder neu zu überwinden gilt.
Kurzinformation:
Die Parkinformation befindet sich acht Kilometer nordwestlich von Moab am Parkeingang.

Utah-(Ute-) Ureinwohner. Die Schoschonen (heute wieder über 10 000) leben in den Great Plains und im Great Basin

Canyonlands National Park

Unglaublich rauh, unglaublich zerklüftet, ein immenses Gewirr aus Canyons, Felstürmen, -bögen und -wänden, gerundeten Bergen und flachen Plateaus, durch das sich der Colorado River und der einmündende Green River in jahrtausendelanger Arbeit einen Weg gefräst haben – das ist der Canyonlands National Park im Südwesten Utahs. Wind und Wasser zeichnen sich für die Erschaffung dieses grandiosen Chaos im Herzen des Colorado-Plateaus verantwortlich.

Zwei durch den Colorado River getrennte, abgelegene, doch mit dem Auto zugängliche Areale besitzt Canyonlands, den nördlichen Island in the Sky District und den südlichen Needles District. Beide liegen, wenn sie auch zum gleichen Park gehören, über die Straße, die östlich des Canyonlands in einem weiten Bogen vorbeiführt, viele Kilometer voneinander entfernt. Überhaupt sind die Distanzen in diesem Teil des Landes einfach unglaublich. Schnell und unbemerkt umfängt die staubige Einsamkeit des Südwestens den Besucher, wir merken oft gar nicht, wie wir Stunde um Stunde auf den Fahrten zwischen den einzelnen Punkten verbringen. The Maze und Horseshoe Canyon, zwei weitere, kleinere Gebiete des Canyonlands sind aufgrund ihrer Weglosigkeit und unberührten Wildnis nur erfahrenen Wildniswanderern beziehungsweise Fahrzeugen mit Vierradantrieb zugänglich.

56 Kilometer südwestlich von Moab gelangen wir in die Welt des Island in the Sky District, des Hochplateaus zwischen Colorado und Green River, wo die beiden Flüsse im wilden Cataract Canyon wie ein überdimensionales Ypsilon zusammenfließen.

Schroffe, abweisende Welt

Wir statten zunächst dem Dead Horse Point State Park vor den Toren des Nationalparkgebietes einen Besuch ab. Dem ahnungslosen Zuschauer eröffnet sich das unbeschreibliche Panorama einer ganz anderen, ganz schroffen, abweisenden Welt, scheinbar eines unbewohnten Sterns, in dem das zivilisationsgewohnte Auge kein Haus, keine Straße, keinen Schornstein findet – nur Felsen, Steine und Staub, Canyons, ausgetrocknete Flussläufe und Hochplateaus, und das gleich über und über in verschwenderischer Vielfalt. Still ist es hier. Das menschliche Ohr vernimmt nur das nimmermüde Rauschen des Windes, der im kontinuierlichen Prozess die für das menschliche Fassungsvermögen unveränderlichen Formen immer weiter abschleift, Partikel für Partikel, Felsbrocken für Felsbrocken. Die unerbittlichen Helfer des Windes sind die schweren Regenfälle, die während der sommerlichen Gewitterstürme fallen.

Hunderte von Metern unter uns schlängelt sich eine dünne Spur entlang des Canyons, die Autostrecke ins Hinterland des Parks, und noch unzählige Meter weiter unten, in der blauschwarzen Tiefe, in welche die Sonne nur wenige Stunden am Tag ihr Licht wirft, zwängt sich vermutlich seit Ewigkeiten der Colorado River in engen Schleifen durch das Canyon-Labyrinth. Kleine, zerbrechlich wirkende Boote scheinen sich auf dem Fluss durchzukämpfen. Es sind riesige gelbe Schlauchboote, die sich ab Moab von den Stromschnellen und Katarakten des Colorado River flussabwärts reißen lassen, «Whitewater Rafting» – ein kommerzialisierter Hauch von Abenteuer in einer der wildesten Landschaften Amerikas.

Der Island in the Sky District bietet Stops und «sichere» Kurzwanderungen zu phantastischen Aussichtspunkten wie etwa Grand View Point Overlook, Green River Overlook und Upheaval Dome. «Sicher» deshalb, weil sie kurz und prägnant sind und niemandem die Gefahr droht, in den undurchschaubaren Felslabyrinthen zu verschwinden. Einzigartige Panoramen offenbaren sich dem fassungslosen Betrachter, der erkennen muss, dass das hemmungslose Schauspiel der Natur nicht von der logischen Seite zu durchschauen ist.

Auf dem Weg zum Needles District fesseln uralte indianische Felsmalereien unsere Einbildungskraft. Abbildungen von Männern und Frauen, von Tieren, Reitern und Jagdszenen, von Kreisen und anderen geheimnisvollen Symbolen bedecken eine vor Wind und Wetter geschützte Felswand. Wer waren diese Leute, die so etwas an die Wände malten? Wollten sie in der fast menschenleeren Gegend ihren fernen Nachbarn, Freunden oder Fremden Nachrichten hinterlassen? Wollten sie ihr Jagdglück beschwören? Oder waren es vielleicht auch nur Jugendliche, die gleich den Graffitisprühern unserer Tage, ihren Übermut, ihre Lebensauffassung und ihr Unverständnis gegenüber der Welt ihrer Eltern und Großeltern herausschreien wollten?

Felstürmchen

Noch leerer, noch einsamer, noch verlassener erscheint der Needles District (129 Kilometer südwestlich von Moab). Heiß und trocken weht der Wind über dem weiten Talboden von Squaw Flat. Doch offenbart sich der Needles District als von so großem landschaftlichen Reiz, dass wir uns an den Anbeginn der Welt zurückversetzt glauben. Wir tanken unsere Wasserflaschen auf und wollen losmarschieren. Am Horizont sehen wir durch die flimmernde Hitze die «knubbeligen» rotbraun und weiß gestreiften Felstürmchen der Needles-Formation. Hinter ihnen braut sich ein Gewittersturm grauschwarz zusammen, während die Needles selber noch vom Licht der Nachmittagssonne goldgelb und beinahe überirdisch angestrahlt werden. Bei solcher Wetterlage bleiben wir doch lieber auf dem asphaltierten Weg. Unterwegs auf unbefestigten Wegstrecken sollte man tiefer gelegene Regionen wie Senken, Canyons und alte Bachbetten meiden und damit die Gefahr, von einer «Flash Flood» überrascht zu werden, verringern. Doch das Wetter hält sich, es regnet sich woanders ab, und wir planen, die Nacht mit unserem Wohnmobil auf dem Squaw Flat Campground zu verbringen. Ein schwarzer, über und über mit Sternen übersäter Wüstenhimmel ist unser Lohn. Schon die Indianer, die hier vor Jahrtausenden ihre noch immer unentschlüsselten Zeichnungen hinterließen, werden diesen Himmel bestaunt haben.

Kurzinformation:
Parkinformationen und Campingplätze befinden sich im Island in the Sky und im Needles District.

Capitol Reef National Park

Als gigantische Gebirgsfalte in einer zerknitterten Erdkruste erstreckt sich die Waterpocket

Fold auf einer Länge von 160 Kilometern über das südlich zentrale Utah. Vor rund 65 Millionen Jahren entstand sie aus gewaltigen Erdverwerfungen, wobei die schräg gestellten, verschiedenfarbigen Gesteinsschichten im Laufe von Jahrmillionen durch Wind und Wasser unterschiedlich stark erodierten. Spektakulär präsentiert sich die Auffaltung nicht nur aus der Vogelperspektive, sondern auch von hoch gelegenen Aussichtspunkten nahe des Scenic Drive und den Highways der Umgebung. Angesichts der gigantischen Formationen fällt die Vorstellung nicht schwer, wie sehr dieses Landschaftsmerkmal seinerzeit für Indianer und frühe Pioniere ein Hindernis darstellte, die zum ohnehin mühseligen Vorwärtskommen auch noch tagelange Umwege in Kauf nehmen mussten.

Ein wildes Szenario der Farben und Formen eröffnet sich im Capitol Reef. Rötliche und gelbe, weiße, braune und graue Felsformationen streben empor, bis sie an das Blau des Himmels stoßen, an das Reich der Sonne, die ihnen die Magie ihrer leuchtenden Farben verleiht. Wild und scheinbar ohne Planung überlagern die Felsformationen einander, türmen sich auf, brechen in dunkle Canyontiefen ab, und je weiter der Blick über die Felsen schweift, desto phantasieanregendere Formen treten hervor. Bunte Sandsteinklippen mit mächtigen, glatten Wänden und spitzen Türmchen, die so winzig wirken von hier unten, aber viele Meter hoch sind, massive Monolithe, die wie fensterlose Burgen wirken, prominente Schlösser wie das «Castle», glatt polierte Kuppen und gewaltige Überhänge verzaubern diese urtümliche, desolate Landschaft.

Als namensgebendes Charakteristikum der Auffaltung gelten die «Waterpockets», die kleinen, kreisförmigen Felsvertiefungen, die bei den Gewitterschauern einen Teil des Leben spendenden Nass auffangen und für kurze Zeit zur Tränke in der trockenheißen Wüstenlandschaft werden. Eine Krötenart nutzt die wenigen Tage, in denen die «Waterpockets» gefüllt sind, sogar zur Fortpflanzung. Ihre Kaulquappen leben in den kleinen Gewässern, und diejenigen, die ausgewachsen sind, bevor die «Waterpockets» austrocknen, setzen den Zyklus des Lebens fort.

Die Namensgebung des Nationalparks führt zurück auf die lebhafte Phantasie der frühen Erforscher, die sich durch Form und Aufbau der Auffaltungen an das State Capitol in Washington D.C. erinnert fühlten. «Reefs» nannten die in das Land vorstoßenden Siedler die Bergzüge, woraus sich der Begriff «Capitol Reef» ableitete.

Wasser ist in dieser Umgebung also nicht nur formgebend, sondern auch Leben spendend. Quer durch die Waterpocket Fold im nördlichen Parkabschnitt fließt der serpentinenreiche Fremont River, der für einige Zeit sogar florierendes Farmleben ermöglicht und in der

Mormonen unterwegs in Utah. Um 1890, als den männlichen Mormonen noch die Mehrehe erlaubt war

Obst pflücken gestattet

Wasserflaschen sind wichtigstes Transportgut

von knorrigen Wacholdern und Koniferen geprägten trockenbraunen Umgebung für frisches Grün gesorgt hatte. Vor rund hundert Jahren haben hier fleißige Mormonensiedler eine Farm errichtet, wurde hier in gottesfürchtiger Eintracht gepflanzt, gewerkelt und gelebt. Ein Picknickplatz beim Old Fruita Schoolhouse bietet sich uns mit Tischen und Bänken zum willkommenen Pausenstündchen dar. Warm und weich flimmert das Sonnenlicht durch die raschelnden Herbstblätter der längst verwilderten Obstbäume, ein bunter Blätterteppich bedeckt den Boden, der heute nur noch sporadisch geschäftige Fußtritte hört. Menschen wohnen hier schon lange nicht mehr. Niemand hat etwas dagegen, wenn wir uns ein paar der späten Äpfel pflücken, die an den alten Bäumen reifen. Während der Saison erlauben Ranger das Pflücken größerer Obstmengen gegen Entrichtung einer Gebühr.
Über die Jahre verwittert, aber liebevoll als Teil des kulturellen Erbes konserviert, bezeugt das Old Fruita Schoolhouse, ein simples Blockhaus ohne jeglichen Komfort, das bis ins frühe 20. Jahrhundert den Mormonenkindern als Schule diente, dass Bildung und Erziehung auch in entlegenen Gefilden wie dem Tal des Fremont River einen Stellenwert besaßen.
Noch weit früher als die Mormonen waren hier die Fremont-Indianer ansässig, ihre geheimnisvollen Felszeichnungen und -ritzungen datieren rund 2700 Jahre zurück. Man weiß heute recht wenig über diese Menschen, die Jäger und Sammler waren, aber bereits in gewissem Umfang Ackerbau betrieben, bevor sie irgendwann im 13. Jahrhundert mit unbekanntem Ziel und aus unbekannten Gründen verschwanden. Noch immer geben ihre weitgehend unentschlüsselten Zeichnungen der Nachwelt Rätsel auf.
Beim Wandern lernt man diese Gegend am besten kennen. Mag wegen der langen Zufahrten ein Auto auch unverzichtbar sein, so zwingt die Landschaft geradewegs dazu, das Auto stehen zu lassen und sich langsam und mit offenen Sinnen zu Fuß tiefer in die Wunderwelt der glatt geschliffenen Sandsteinfelsen zu begeben. Von einem Parkplatz am Scenic Drive wandern wir den felsigen Trail hoch zum Cassidy Arch, einem der wenigen Steinbögen des Capitol Reef, den wir gut getarnt im Felsgewirr ausfindig machen. Wir stehen obendrauf, eines der wenigen Male, wo man einem «Arch» von oben begegnet, und wir können durch den Bogen nach unten schauen.
Unser wichtigstes Transportgut, die gut gefüllten Wasserflaschen, gluckern in den Rucksäcken, während die Sonne vom Himmel brennt und die Temperaturen bis auf 35° Celsius hochtreibt. Abends, sobald die letzten Sonnenstrahlen hinter den Bergen verschwunden sind, wird es hier aufgrund der Höhenlage oft empfindlich kalt. In mancher Sommernacht sinkt die Quecksilbersäule deutlich unter 10° Celsius ab. Die großen Temperaturunterschiede sind ein Charakteristikum des Hochlandes, in ihrem Zusammenspiel erleichtern sie den Erosionskräften die Arbeit, indem sie durch Hitze und Kälte Spannungen in den Felsen hervorrufen, kleinste Ritzen und Spalten schaffen, die Wasser und Wind in unermüdlicher Kleinarbeit verbreitern.

Kurzinformation:
Das «Visitor Center» befindet sich 18 Kilometer östlich vom Torrey an der SR 12.

Bryce Canyon National Park

Im Bryce Canyon National Park im Süden Utahs hat die Natur mit Hilfe des Wassers aus Sandstein wundersame Formen ausgewaschen, ein Ehrfurcht gebietendes Felsspektakel, das seinesgleichen sucht. Mit ungeheurer Wucht

wirken die Impressionen dieses Naturschauspiels auf den menschlichen Betrachter.
Genau genommen ist Bryce Canyon keine Schlucht, kein Canyon, sondern ein von den Erosionskräften vor rund 60 Millionen Jahren geschaffenes «Amphitheater», eine halbkreisförmige Kulisse, die sich zu einer Seite hin öffnet, mit bizarren Türmen und filigranen Spitzen, mit gewaltigen Brücken und massiven Bögen, mit Mensch und Tier ähnelnden Zauberwesen aus Stein. Wer seiner Phantasie freien Lauf lässt, sieht in dem märchenhaften Halbrund des Bryce Canyon nicht nur profane naturgeschaffene Sandsteinskulpturen, sondern geheimnisvolle Bauwerke wie «The Cathedral» und «Fairy Castle», er sieht die «Chinese Wall» und die «Tower Bridge», den «Mormon Temple» und die «Wall of Windows» sowie gar eine «Silent City».

Amphitheater mit abertausenden von Statisten

In diesem Amphitheater sind abertausende Statisten nach unbekanntem Schema dicht an dicht zum großen Finale aufgereiht, ein Meer beinahe filigran wirkender, rötlich weiß gestreifter Felstürmchen, das sich an die offenen Berghänge des bewaldeten Paunsaugunt-Plateaus schmiegt. Das weichere Gestein wurde längst weggewaschen, die Erosion des härteren Gesteins ist gleichwohl nur eine Frage der Zeit, die unsere Tage nicht mehr umfasst. Es gibt rötliche, gelbliche, bräunliche, weiße und eine Menge anderer Farbabstufungen, unter denen Rotbraun und Cremeweiß dominieren, die durch rötlich färbende Mineralien und weißen Kalk bedingt werden. Unterschiedliche Farbgebungen zu verschiedenen Tageszeiten, zu den jeweiligen Jahreszeiten, bei wechselndem Wetter, sorgen für wechselnde Stimmungen, die ihr Wesen innerhalb weniger Stunden, ja Minuten, unglaublich verändern können. Wir haben die dramatisch akzentuierten goldglänzenden, feuerrot scheinenden Türmchen des Bryce Canyon in der Nachmittagssonne gesehen, lachsrosa und ockerfarben im sanften, pastellfarbenen Licht der Dämmerungszeiten, das die Intensität der Landschaft mildert, und im bleichen Licht des Vollmondes, das blauweiße Schatten auf die Tiefen wirft.
Schnee auf den Felsformationen sorgt wiederum für völlig neue Impressionen. Der Morgen und der Spätnachmittag beziehungsweise der frühe Abend, wenn das Sonnenlicht am vorteilhaftesten erstrahlt, sind die besten Fototermine, dann wirken die Fotoobjekte besonders dramatisch akzentuiert, die Formen weichgezeichnet und die Farben warm und gefällig.
«Sightseeing», Fotografieren und Wandern gehören zu den populärsten Aktivitäten im Bryce Canyon, doch was heute als schützenswerter Naturpunkt und einzigartiges Wunderland aus Stein gilt, rief einst wenig Begeisterung hervor. Der Mormonensiedler Ebenezer Bryce, auf der Suche nach gutem Weideplatz, nannte den Canyon «den schlimmsten Platz, eine Kuh zu verlieren». Mit mehr spirituellem Sinn betrachteten die Paiute-Indianer den Landstrich, für sie war er ein heiliger Ort, an dem die roten Felsen «wie Männer in einer schüsselförmigen Schlucht» standen.
Ein touristisches Highlight ist allein schon der Verlauf der Parkstraße auf dem Paunsaugunt-Plateau, an dessen zerklüftetem Rand sich Aussichtspunkte mit viel versprechenden Namen aneinander reihen. Ständig verändert sich die Perspektive, bei jedem Stop gewinnen wir neue Eindrücke, sind fassungslos, wie sehr Sunrise Point, Sunset Point, Inspiration Point, Farview Point und Rainbow Point ihren Namen alle Ehre erweisen.
Parallel zur Straße erstreckt sich am Rande der Schlucht der 35 Kilometer lange Rim Trail zwischen Bryce Point und Rainbow Point, eine

lohnenswerte Route für ambitionierte Wanderer. Mit jedem Blick in die Tiefe wird jedoch das Verlangen stärker, auch mal hinabzusteigen zu den «roten Männern der schüsselförmigen Schlucht». Eine Reihe von zickzack in die Tiefe führenden Trails bietet sich an. Wir wählen den Navajo Trail, ausgehend vom Sunset Point, weil er sich mit dem Queen's Garden Trail zum Sunrise Point zu einem schönen Rundgang von zwei bis drei Stunden Dauer verbinden lässt. Von unten wirken die Nähe und die physische Größe der einzelnen Felsformationen noch viel gewaltiger und beeindruckender. Rotgolden gefiltert fällt das spätsommerliche Sonnenlicht durch manche Felsöffnung, schafft wahre Wunderwelten aus Licht und Schatten. Man tut in dieser von Wasser geschaffenen, trockenheißen Wüstenwelt gut daran, genügend Flüssigkeit auf eine Wanderung mitzunehmen.

Kurzinformation:
Das «Visitor Center» liegt am Parkeingang nahe des Bryce Amphitheater.

Zion National Park

Den Zion National Park auf dem Markagunt-Plateau im Südwesten Utahs kennzeichnet unberührte Canyonlandschaft. Grandiose Felsformationen wie der unbezwingbar erscheinende Great White Throne und der Temple of Sinawava am Virgin River im Zion Canyon beeindrucken den Betrachter. Bizarr eingekerbte Türmchen, vertikal aufsteigende Wände, rote Felskuppeln, Monolithen und ganze Bergzüge unterwerfen die urtümliche Landschaft scheinbar ganz und gar ihrem Willen. Aussichtspunkte wie Angels Landing 460 Meter hoch über dem Virgin River, versteinerte Sanddünen wie die Checkerboard Mesa und natürliche Steinbögen wie der mächtige Kolob Arch – mit 95 Metern Spannweite einer der größten Bögen der Welt – machen den Zion zur Galerie der Naturkunstwerke, mit dem vorherrschenden Material des rostroten Navajo-Sandsteins. Phantastische Farben- und Formenkontraste prägen das Landschaftsbild dieses Parks, gegensätzliche Elemente toben sich auf seinem Rücken aus, glühende Sonne und immer währender Schatten, rasende Wasser und erbarmungslose Trockenheit, große Hitze und eisige Kälte. Einerseits charakterisiert eine herbe, wüstenähnliche Vegetation, in der nur noch Wacholder, Kakteen und Trockenheit gewohnte Pflanzen gedeihen, die Szenerie. Andererseits bezaubern wie in den schattigen, hängenden Gärten am Weeping Rock, dem «weinenden Felsen», und an den Wasserfällen der Emerald Pools, den «smaragdgrünen Teichen», paradiesisch anmutende quellfeuchte Felswände mit filigranen Farnen, dicken Moospolstern und anderen Feuchtigkeit liebenden Pflanzen.
Wassermangel, fehlendes Acker- und Weideland waren aber stets Gründe genug, eine dauerhafte Besiedlung der Tafelberge und Canyons zu verhindern. In der Mitte des 19. Jahrhunderts kamen Mormonen, Methodisten und andere weiße Siedler und benannten Berge und Täler, Felsformationen und Canyons des hoch gelegenen Landes nach biblischen Vorbildern. Zion selber ist nach dem Tempelberg in Jerusalem benannt. Indianervölker – zuerst die Anasazi, dann die Paiute – hatten in dieser Region jedoch seit Jahrhunderten ihre Spuren hinterlassen. Wohin die Anasazi-Indianer im 13. Jahrhundert gingen und warum sie so plötzlich verschwanden, bleibt bis heute ein Rätsel.
Von jeher sind die Gefilde des Zion von direkten menschlichen Einflüssen unberührt geblieben. Der Zion Canyon Scenic Drive streift nur einen kleinen Teil des riesigen Zion, ebenso der Zion-Mount Carmel Highway, der von Osten her zum Zion Canyon Scenic Drive

führt. Bis auf einen weiteren, wenig frequentierten Straßenzugang zu den spektakulären Finger Canyons of the Kolob im abgeschiedenen Nordwesten des Parks und die Kolob Terrace Road, eine einsame, zivilisationslose Zufahrt im zentralen Parkteil, gibt es keine weiteren Straßen im Park.

Herzstück des Parks ist der Zion Canyon Scenic Drive, der als Sackgasse tief in die sich verengende Schlucht des friedlich dahinfließenden Virgin River hineinführt. Kaum zu glauben, dass dieses sanfte Flüsschen mit den pappelbestandenen Ufern diese gewaltige Schlucht mit ihren hunderte von Metern hohen Felswänden geschaffen hat. Doch zeigt der Virgin River nach einem sommerlichen Gewitterregen ein ganz anderes Gesicht, wenn seine bedrohlich angeschwollenen, sediment- und treibgutbeladenen Fluten für einige Stunden den Canyon unsicher machen.

Am Temple of Sinawava, einer mächtigen Felsformation am Ende der Fahrstraße, beginnt der Gateway to the Narrows Trail, ein zunächst noch sehr bequemer, lohnender Wanderweg flussaufwärts bis zu den Narrows, dem engsten Teil des Canyons. Nachdem der asphaltierte Teil des Trails endet, wird die zur Tageswanderung ausgedehnte Fortsetzung des Pfades für erfahrene, konditionsstarke Leute zum abenteuerlichen Erlebnis. Stellenweise muss man bei einer Wasserhöhe von einem Meter durch das unebene Bachbett marschieren, stößt man rechts und links direkt an die Schluchtwände an, und zwischen den über 500 Meter hohen senkrecht herabstürzenden Felswänden sieht man nur noch ein kleines Stück des blauen Himmels hervorblitzen.

Nach Osten hin steigt in aussichtsträchtigen Serpentinen der Zion-Mount Carmel Highway auf, eine bemerkenswerte Ingenieurleistung aus den dreißiger Jahren, der den Zion Canyon mit den östlichen Hochplateaus verbindet. Nachdem wir die Tunneldurchfahrt hinter uns gelassen haben, finden wir uns in einer Wunderwelt seltsam anmutender und interessant gemusterter Felsformationen wieder. Die markanten «Hoodoos», rostrote Felstürmchen, die wie durch Zufall in die Landschaft geworfen erscheinen, bieten sich uns inmitten knorriger Wacholder- und silbrig grauer Salbeibüsche als willkommene Fotomotive dar. Als spektakuläre geologische Formation springt die Checkerboard Mesa ins Auge, eine schachbrettartig gemusterte versteinerte Sanddüne im Riesenformat. Ein wenig Grün bringen die wenigen hoch gewachsenen Kiefern am Fuße der Berge in die wüstenfarbene Umgebung.

Zu Fuß stößt man im Zion in wahrhaft einsame Gefilde vor, die so unzivilisiert, so primitiv sind wie seit Urzeiten. Wanderwege für jeden Geschmack und jede Kondition gibt es am Zion Canyon Scenic Drive und am Zion-Mount Carmel Highway in großer Auswahl, für denjenigen, den der Weg in einer Viertelstunde zu einer phantastischen Naturattraktion führen soll, für den, der mal ein Stündchen oder zwei die Ruhe und Erhabenheit der Landschaft genießen will, oder auch für den, der sich für ein paar Tage lang in die Wildnis zurückziehen möchte, wie auf dem oben beschriebenen Gateway to the Narrows Trail.

Kurzinformation:

Das «Visitor Center» befindet sich am Südeingang des Parks nördlich von Springdale.

Grand Canyon National Park

Der Grand Canyon des Colorado River, Schlucht aller Schluchten im Norden Arizonas, beeindruckt durch seine Ehrfurcht gebietenden Tiefen. Es ist ein Naturwunder von immensen Ausmaßen, das der Grand Canyon National Park schützt, einer der bekanntesten amerikanischen Nationalparks, der mit rund 4,5 Millionen Urlaubern pro Jahr immer wieder Besucherrekorde aufstellt.

Über anderthalb Kilometer tief, 350 Kilometer lang und zwischen sechs und 30 Kilometer breit ist dieser abgrundtiefe geologische Querschnitt, der uns einen phantastischen Einblick in die Erdgeschichte gibt. Schicht für Schicht entblättert sich das Erdinnerste, das aus vielfarbigen, wechselweise härteren und weicheren Gesteinen besteht. Man blickt auf uralte geologische Formationen verschiedener Zeitalter, die bis etwa zwei Milliarden Jahre zurückdatieren.

Geschaffen wurde der Grand Canyon in einem ewig gleichen Prozess der Wind- und Wassererosion, bei dem der Colorado River stets die Hauptrolle spielte, zu dem aber auch gravierende Temperaturunterschiede und Erdbewegungen ihren Teil beitrugen. Auch wenn der im Oberlauf aufgestaute Colorado River, der viel von seiner Urkraft eingebüßt hat, heute nicht mehr den Anschein solch glorioser Kräfte erweckt, hat doch das stetige, unaufhörliche Reiben und Abschmirgeln der Wassermassen den Fluss immer tiefer in das Gestein eingegraben. Und dieser Prozess setzt sich – zwar mit verminderter, aber unaufhörlicher Kraft – heute noch fort.

Geschäftiger Trubel in der Wildnis: der South Rim mit dem ganzjährig geöffneten Grand Canyon Village ist das touristische Herz des Parks. Seine Markenzeichen sind eine gut ausgebaute Infrastruktur und sämtliche zivilisatorischen Annehmlichkeiten von Bus- und Taxistationen über Kirche, Postamt, Bank, Klinik, Autowerkstatt bis zu Geschäften. Im Village können sich müde Häupter in Lodges, Hotels und auf Campingplätzen betten, erhält der Besucher Informationen zum Park und diversen Aktivitäten (White Water Rafting, Kajak fahren, Angeln, Rad fahren, Mauleseltouren und anderes mehr), werden Outdoor-Ausrüstungen verliehen.

Trotz aller am South Rim konzentrierten zivilisatorischen Elemente überwiegt hoch oben am Canyonrand der Eindruck einer grandiosen Naturlandschaft, die unbelastet vom Menschen die Jahrhunderte überstanden hat. Was heute als Schmuckstück des amerikanischen Westens gilt, stand einst allerdings in dem Ruf, wertlos zu sein. Armeeleutnant Joseph Ives, ein früher Erforscher, drückte 1858 seine – allerdings nach dem heutigen Stand der Dinge

Felsplateau beim Grand Canyon

irrige – Meinung über Besuche des Grand Canyon folgendermaßen aus: «Er (der Grand Canyon) kann nur von Süden her erreicht werden, und wenn man einmal hineingeraten ist, bleibt nichts anderes zu tun, als ihn wieder zu verlassen. Unser wird der erste und zweifelsohne auch der letzte Besuch einer weißen Expedition in dieser unprofitablen Gegend sein.» (aus: Marshall Trimble, «Arizona: A Cavalcade of History»). Bereits elf Jahre später befuhren Major John Wesley Powell und seine Mannen als erste den Colorado River, sie zählten zu den wenigen Weißen, die sich damals in diese abgelegene Gegend vorwagten.

Überwältigende Aussichtspunkte auf die atemberaubenden, wilden Felswände, -vorsprünge und -abstürze des Grand Canyon und der Bergketten am fernen Horizont faszinieren dagegen die Besucher des 20. Jahrhunderts, von denen sich viele den ersten Aufenthalt hier nicht einmal halb so spektakulär vorgestellt haben. Entlang des West Rim Drive, dem westlichen Teil der Parkstraße am südlichen Canyonrand, reihen sich im Bereich des Grand Canyon Village phantastische Aussichtspunkte aneinander: Pima Point, Hopi Point, Yavapai Point, Mather Point und Yaki Point. Wie Schaufenster lenken sie den Blick in eine der urtümlichsten Wildnisse Amerikas, wo der eine Anblick schöner ist als der andere, wo der Betrachter nicht genug kriegen kann vom Panorama einer zivilisationslosen Szenerie, wie man sie nur einmal auf Erden findet. Glühend rot versinkt die Sonne hinter den Bergsilhouetten am Horizont, taucht die Felswände in ein tiefes Rotorange, bevor alles schließlich im Dunkel der Nacht versinkt. Den Sonnenuntergang von einem dieser Punkte zu beobachten, erscheint uns der ideale Abschluss für einen ereignisreichen Tag am Grand Canyon.

Tag für Tag, Stunde für Stunde, eröffnet sich am Grand Canyon ein neues, aufregendes Spiel wechselnder Farbimpressionen, bedingt durch die kontinuierlich sich verändernden Licht- und Schattenverhältnisse, mit Rot-, Orange- und Rosatönen, mit blauen, braunen und grauen Nuancen auf dem vielfarbigen Gestein. Mit den goldenen Strahlen der nachmittäglichen Sonne, die den oberen Canyonwänden eine fast überirdische Ausstrahlungskraft verleihen, blicken wir auf den winzig kleinen Colorado River in der dunklen Canyonmitte. Im Museum am Yavapai Point haben wir heute mehr über die geologischen Hintergründe des Naturwunders Grand Canyon erfahren.

Weiter östlich schließen sich Grandview Point, Moran Point, Lipan Point und Desert View an, deren Namen die grandiose Szenerie bereits andeuten. Die Wüste beginnt am Osten des Grand Canyon, das weite, trockene Land der Navajo. Die Geschichte der frühen Anasazi-Indianer auf dem Plateau und im Canyonbereich des heutigen Parks erzählt das «Tusayan Museum» am East Rim Drive.

Blick in die Schlucht der Schluchten

STUNDENLANGER SCHÜTTELTRAB AUF TRITTSICHEREN MULIS

NUR SEHR WENIGE BESUCHER WAGEN SICH HINUNTER IN DEN CANYON

Staubig und geruchsintensiv kündet sich bei unserem Canyonausflug auf dem Bright Angel Trail an, dass sich hier Canyonbesucher nähern, die nicht zu Fuß unterwegs sind, jedenfalls nicht auf eigenen Füßen. Per Mauleseltreck schaukeln zahllose Touristen den steilen Pfad hinunter und wieder herauf. Trittsicher sind die erfahrenen Mulis, aber ob so ein Tag im Sattel im stundenlangen Schütteltrab über staubige Pfade bequemer ist, bleibt ein Geheimnis.
Wanderer können vom Südrand außer den Bright Angel Trail auch den mit zehn Kilometern kürzeren, etwas steileren, muli-, aber auch wasserlosen South Kaibab Trail nehmen. Wenn die Rücktransportfrage per «Trans Canyon Shuttle» geregelt ist, bietet sich auch eine Wanderung vom Nord- zum Südrand an oder umgekehrt.

Für 16 km Luftlinie fahren Sie 350 Autokilometer

Mit 2500 Metern ist der North Rim, der nördliche Canyonrand, rund 300 Höhenmeter höher, bewaldeter und ruhiger, zudem etwas kühler und feuchter als sein nur 16 Kilometer Luftlinie, aber über 350 Autokilometer entferntes Gegenstück. In seinen Lebensbedingungen ähnelt der North Rim vielmehr dem kanadischen Klima als dem wüstenähnlichen Arizona. Im stillen Winter liegt hier eine dicke Schneedecke, die den Zugang zum Canyonrand für den Autoverkehr unpassierbar macht. Am North Rim gibt sich die Infrastruktur weitaus zurückhaltender als am Südrand, wenngleich Campingplätze, eine Lodge, ausgebaute Zufahrtsstraßen und Aussichtspunkte vorhanden sind.
In einem großen Bogen zieht sich die Parkstraße über das einsame Walhalla-Plateau gen Süden. Was sie an Bildern versprechen, halten sie auch, die Aussichtspunkte mit Namen wie Vista Encantadora und Angel's Window. Am Walhalla Overlook breitet sich zu unseren Füßen die grandiose Weite des Walhalla-Plateaus aus, wir schauen sprachlos hinaus, bis sich unsere Blicke in der hitzeflimmernden, dunstigen Weite der Traumlandschaften verlieren. Und vom Cape Royal am Ende der Straße schweift der Blick fast ungläubig über die zerklüftete Felsenregion, bleibt an der massiven Felsburg des Vishnu Temple hängen, gleitet an ihren Formen abwärts in die Tiefen des Canyons zum Colorado River.
Nur ein verschwindend kleiner Prozentsatz der riesigen Besucherschar am Rand des Grand Canyon begibt sich tatsächlich in den Canyon hinunter, wo sie eine ganz eigene Welt erwartet. Auch vom Nordrand lässt sich der Canyonboden zu Fuß erreichen. Auf dem North Kaibab Trail wandert man vom Trailbeginn nahe der Grand Canyon Lodge entlang des Bright Angel Creek talwarts. Voraussetzungen zum positiven Gelingen einer Wanderung sind neben einer guten physischen Konstitution ein Start im kühlen Dunkel der frühen Morgenstunden und gefüllte Wasserflaschen. Über einen Höhenunterschied von 1800 Metern geht es hinab in den Canyon, eine nicht zu unterschätzende Leistung.
Unterwegs auf 23 Kilometern finden wir nur eine einzige Wasserstelle und der rote Staub des Wanderpfades legt sich über unsere Schuhe und Socken. Die Phantom Ranch bietet Wanderern die Gelegenheit, im Komfort eines eigenen Zimmers in der Wildnis des Grand Canyon zu übernachten. Reservierungen sollten bereits rechtzeitig von zu Hause aus erfolgen. Heiß und trocken ist es am Talboden, die Temperaturen im Inneren des Canyons erreichen extreme Höhen im Sommer, durchschnittliche 40° Celsius sind an der Tagesordnung. Wie in einem Backofen speichern die hohen Canyonwände die intensiven Sonnen-

strahlen. Hier unten kommt der Regen, der den oberen Rand benetzt, seltener an.
Im Inneren des Canyons, nicht weit von der silberglänzenden Hängebrücke, sind wir ihm ganz nahe, dem berühmten Colorado River. Wir sitzen neben Kakteenbüscheln am Flussufer und können das Wasser berühren, braun und sedimentbeladen fließt es dahin und entwickelt an manchen Stellen auf seinem langen Lauf durch den Grand Canyon bemerkenswerte Stromschnellen. Sie werden durch Unebenheiten des härteren Gesteins im Flussbett bedingt, das der Kraft des Wassers bislang zu widerstehen vermochte.
Kanuten, Kajakfahrer und Rafter sehen im Colorado River klassisches Wildwasser, eine Herausforderung an die physische und psychische Konstitution des Menschen und letztendlich auch einen großen Freizeitspaß mit «Kick». Immer wieder sieht man schwere Gummiflöße, starke Schlauchboote und zerbrechlich wirkende kleine Kajaks auf der Strömung vorbeiziehen. In den Gesichtern der meisten Insassen steht die gespannte Anstrengung geschrieben, aber auch die Freude, dieses organisierte Abenteuer zu meistern.
Nur wenige planen einen Besuch im Havasu Canyon ein, von jeher Heimat der Havasupai-Indianer, der «Menschen des blaugrünen Wassers».
Von der Route 66 zwischen Peach Springs und Seligman führt eine 100 Kilometer lange Zufahrtsstraße über das Coconino-Plateau zur «Havasupai Indian Reservation» und zum Hualapai Hilltop, dem Ausgangspunkt des Trails zu den Wasserfällen im Havasu Canyon.
Nur mit Genehmigung der Indianer darf man die 15 staubigen Kilometer in die wunderbare Abgeschiedenheit des Canyons hinabsteigen oder mit dem Muli reiten. Belohnt wird der Trip mit dem Anblick paradiesisch anmutender Wasserfälle, die sich in schleierartigen Kaskaden die Hänge hinunterstürzen und malerische, smaragdgrüne Naturpools speisen, in denen auch gebadet werden darf.

Kurzinformation:
Das «Visitor Center» befindet sich im Grand Canyon Village am Südrand, zehn Kilometer nördlich des Südeingangs. Die North Rim Ranger Station findet man am SR 67/Highway 89, südlich von Jacob Lake.

Mesa Verde National Park

Auf dem «Mesa Verde», dem «grünen Tisch», einem von tiefen Canyons eingeschnittenen Hochplateau im Südwesten Colorados, liegt die geheimnisvolle Welt der «Cliff Dwellings». Die ehemaligen Wohnhäuser aus der Blütezeit der Anasazi-Kultur sind in schwer zugänglichen Vertiefungen und Felsnischen der vertikal aufragenden, bis zu 300 Meter hohen Canyonwände eingemauert. Im Gebiet von Mesa Verde lebten im 12. und 13. Jahrhundert die Anasazi-Indianer, was in der heutigen Navajo-Sprache «die Uralten» bedeutet. Der für seine hervorragenden archäologischen Fundstätten bekannte Nationalpark beherbergt Ruinen einzelner Gebäude und ganzer steinerner Wohnkomplexe, die dank ihrer Abgeschiedenheit, Unzugänglichkeit und ihrer geschützten Lage unter den Felsüberhängen die Jahrhunderte relativ unbeschadet überdauert haben. 1874 entdeckte William Henry Jackson die ersten Höhlenwohnungen von Mesa Verde. Seine sensationellen Funde warfen einen Lichtstrahl auf eine vorher nicht gekannte Indianerkultur.
Vierzehn Jahre später erblickte der Viehzüchter Richard Wetherill durch Zufall die uralten indianischen Höhlenwohnungen des Cliff Palace, der größten Höhlenstadt von Mesa Verde. Seine Entdeckungen brachen die Stille der

Textfortsetzung Seite 57

Versteinerte und nachträglich aufgefüllte Kontraktionsrisse einer Sedimentschicht. Glacier National Park, Montana

In den wetterwendischen Rockies am Lake St. Mary's. Glacier National Park, Montana

Logan Pass. Glacier National Park

Glacier National Park: Mount Heavens (oben) und Lake McDonald

nächste Doppelseite: *Morgenlicht über dem Lake McDonald. Glacier National Park*

übernächste Doppelseite: *Hidden Lake im Glacier National Park*

Bergziege im Glacier National Park, Montana

Possierlich und zutraulich! Ein Columbian Ground Squirrel, auch Kissing Squirrel genannt, im Glacier National Park

nächste Doppelseite: *Vulkan im Vulkan! Vor 7700 Jahren ereignete sich hier ein apokalyptischer Knall, der die riesige Kaldera mit dem 590 Meter tiefen Crater Lake hinterließ. Crater Lake National Park, Oregon*

übernächste Doppelseite: *Bumpass-Hell-Solfatarenfelder im Lassen Volcanic National Park, Kalifornien*

darauf folgende Doppelseite: *Letztes Tageslicht auf den Painted Dunes im Lassen Volcanic National Park*

Im Redwood National Park, Kalifornien

einsamen Canyons, entlockten den schweigenden Höhlen lang gehütete Geheimnisse und lösten eine Welle weiterer Forschungen aus. Historisch einzigartige Relikte, wie die relativ guterhaltenen Häuser, die Keramiken und Korbflechtarbeiten, Kleiderfetzen und Ledersandalen, ja selbst eine Mumie, vermittelten den modernen Forschern Vorstellungen vom längst vergangenen, weitgehend unbekannten Leben der Anasazi-Indianer, von den Fertigkeiten eines Volkes im Hausbau, in der Landwirtschaft und im Überleben in der harschen Umgebung des trockenheißen Hochlandes.

Die Anasazi des 13. Jahrhunderts lebten in einer gut organisierten, festen Gesellschaft. Nicht nur die Architektur war relativ weit entwickelt, auch dank der florierenden Landwirtschaft fanden sie ein gutes Auskommen. In den solide gemauerten Höhlenhäusern reflektiert sich diese Lebensweise. Sie reichten von einräumigen Bauten bis zu größeren Häusern mit weit über 100 Räumen – der Cliff Palace hatte sogar 200 Räume –, zahlreichen Gemeinschaftsräumen und religiösen Kultstätten, den «Kivas». Dem Schutz vor Übergriffen wurde oberste Priorität beigemessen. Deshalb waren die Häuser nicht nur für die Feinde der Anasazi schwer erreichbar, sie selbst konnten nur nach längeren Kletterpartien zu ihren Wohnungen gelangen.

Wohin verschwanden die Höhlenstadtbewohner?

In der Dämmerung des 14. Jahrhunderts verschwanden die Anasazi unvermutet aus ihren Höhlenstädten in eine ungewisse Zukunft. Ihr Verbleib konnte bis heute nicht genau rekonstruiert werden, auch die exakten Gründe ihres Verschwindens bleiben im Dunkel der Geschichte verborgen. Jahrzehnte der Forschungen, der Ausgrabungen, Analysen und Studien konnten den Schleier des Geheimnisvollen nicht lüften, zumal schriftliche Hinterlassenschaften nicht existieren. Wir können heute nur spekulieren, ob wiederholte Trockenperioden, Überbevölkerung, Krankheiten, interne Zwistigkeiten, Feindesattacken oder religiös bedingte Ereignisse sie zur Aufgabe ihrer Städte zwangen, die sie nur während eines kurzen Zeitraums von knapp hundert Jahren bewohnt hatten.

Den heutigen Besuchern stehen Kilometer gepflegter Straßen offen, die zu sämtlichen Aussichtspunkten und den Trails zu den Ruinen führen. Mit Ausnahme des Balcony House können wir Panoramablicke auf alle Ruinen genießen. Kurvenreich führt der North Rim Drive tiefer in die Szenerie des Mesa Verde. Zeit und Raum drängen zusammen, als wir an der Schwelle des 21. Jahrhunderts auf die Relikte der alten Kulturen treffen.

Vom Far View Visitor Center an der Gabelung der Parkstraße kommen wir ostwärts zur Chapin Mesa und den Hauptsehenswürdigkeiten des Parks. Nach Westen geht es zur abgeschiedenen Wetherill Mesa, die neben einigen Anasazi-Ruinen aus dem 13. Jahrhundert auch Ruinen aus dem 6. Jahrhundert aufweist. Am Ende der Straße zur Chapin Mesa folgen wir der Ruins Road, die sich in zwei kurze Rundstraßen mit vielen Aussichtspunkten aufteilt.

Eine verschachtelte Stadt aus uralten Zeiten, so grüßt der von der Nachmittagssonne golden angestrahlte Cliff Palace von der gegenüberliegenden Canyonseite herüber – ein wunderbares, rares Stück amerikanischer Geschichte, das seine Blütezeit lange vor der Ankunft der Weißen auf dem nordamerikanischen Kontinent erlebte.

Wir beobachten die modernen, bunt gekleideten Menschen an den Ruinen, unbekümmerte Urlauber, die sich auf den Pfaden der Anasazi auf uraltem Grund und Boden bewegen und leise ihre modernen Kameras klicken lassen.

Fragend die gelbbraunen Ruinenwände und die Canyons entlangschweifende Blicke verraten die Gedanken der Menschen, die nicht nur der nebulöse Verbleib der Bewohner des Cliff Palace befremdend anmutet, sondern die zugleich das Dunkel der eigenen Zukunft zu durchdringen versuchen.

Trittsicher muss man schon sein, wenn man das im Soda Canyon angesiedelte Balcony House aufsuchen will, das nur über eine Leiter besucht werden kann. Wir kraxeln dem Ranger hinterher und versuchen dabei nachzuempfinden, wie sich die Menschen fühlten, die auf diesem Wege ihre Siedlungen aufsuchen mussten. Der in einer Höhenlage von über 2000 Metern oft recht kühle Wind weht böig über den Sun Temple, der eine gute Sicht auf den Cliff Palace erlaubt. Warum das in der Form eines großen «D» vermutlich als Zeremonienhaus konzipierte Gebäude nie fertig gestellt worden ist, kann niemand mit Gewissheit sagen. Unvollendet und unversehrt überstand es jedenfalls Wind und Wetter von sieben Jahrhunderten. Zu den größten und meistfotografierten Bauten des Mesa Verde gehört das Square Tower House, dessen vierstöckiger Turm als das Hochhaus des Parks gilt. In seiner Nähe existieren Erdhäuser der Basketmaker (= Korbflechter)-Kultur aus dem 6. Jahrhundert, einer Vorstufe der Pueblo-Kultur.

Kurzinformation:
Das Far View Visitor Center befindet sich 24 Kilometer vom Parkeingang entfernt, das Parkmuseum auf der Chapin Mesa.

Klippenstadt-Ruine

Petrified Forest National Park

Unbestrittene Höhepunkte des Petrified Forest im östlichen Arizona sind seine großen Mengen versteinerten Holzes und die brillanten Farbkompositionen der gestreiften Hügel in der Painted Desert. Trotz ihrer Öde und Kargheit präsentieren sich die erodierten Sandsteinhügel aufregend ausdrucksvoll unter der gleißenden Julisonne, an deren azurblauem Himmel kein Wölkchen schwebt. Für eine trockenheiße Landschaft, wo keine Bäume wachsen, und der Wind auf den kargen Ebenen nur verdörrte Grasbüschel zaust, stellen die Versteinerungen aufsehenerregende Merkmale dar. Erst Mitte des 19. Jahrhunderts haben Landvermesser und Kartographen der US-Armee das Gebiet der «bunten Wüste mit ihren zu Stein gewordenen Bäumen» für die weiße Bevölkerung entdeckt.

Über 200 Millionen Jahre ist es her, dass gewaltige Dinosaurier und andere großformatige panzerbewehrte und bestachelte Zeitgenossen durch die ausgedehnten Sümpfe und dichten Feuchtwälder dieser Region stapften. In den von vielen Flüssen durchzogenen, stattlichen Wäldern, in denen mächtige kiefernähnliche Bäume gediehen, fanden Tiere Nahrung und Schutz. Als sich später der Wandel zur trocke-

Versteinertes Holz behielt gewohnte Holzstruktur

Panorama der gestreiften Hügel

neren Landschaft vollzog, wurden die abgestorbenen Stämme allmählich von Sand, Erdreich, Vulkanasche und anderen festen Substanzen bedeckt. Tag für Tag, Tropfen für Tropfen, trug das in den Boden einsickernde, kieselsäurehaltige Wasser verschiedene Mineralien mit sich, die in das Holz eindrangen, sich dort ablagerten und es unterschiedlich färbten. Unter Druck und Sauerstoffabschluss versteinerte das Holz, das gleichwohl seine gewohnte Struktur beibehielt.

Nichts bleibt so, wie es einmal war, und so wandelte sich das Land im langen Lauf der Zeitgeschichte noch verschiedene Male. Es sank ab und wurde von Süßwasser bedeckt, weitere Sedimente lagerten sich ab. Später hob es sich wieder aus den Fluten, mit enormem Druck, der die mächtigen versteinerten Baumstämme zerbersten ließ. Erst in neuester geologischer Zeit formten die Erdkräfte das Land so, wie wir es heute vor Augen halten.

In stetigem Zeitlupentempo trugen Wind und Wasser die Sandschichten wieder ab, wobei die versteinerten Baumstämme und zahlreiche Fossilien zutage traten. Trotz der unaufhörlichen klimatischen Einwirkungen lassen die gut erhaltenen einzelnen Baumscheiben noch sehr deutlich ihre alte Struktur von Holz und Rinde erkennen.

Pueblo-Indianer sind Nachkommen der Pueblokultur (Anasazitradition) und bewohnen heute noch etwa 30 ihrer eigentümlichen Dörfer

Wir folgen der insgesamt 43 Kilometer langen Parkstraße nach Süden. Im Norden des Petrified Forest überschauen wir von einem Aussichtspunkt an einer steilen Abbruchkante die Painted Desert, die wahrhaft «bunte Wüste». Kein Name könnte das Panorama der gestreiften Hügel über dem hitzeflimmernden Wüstenareal besser beschreiben. Eindrucksvoll ziehen sich die durch Mineralienablagerungen bedingten bunten Streifen über die kahlen Hänge und verleihen den hellen Grau- und Brauntönen einen fast heiteren Anstrich. Nicht nur Flora und Fauna haben in der Vergangenheit des Petrified Forest eine Rolle gespielt.

In den Gefilden des Parks blättern wir durch ein buntes Buch der Naturgeschichte und treffen im Vorbeigehen auch auf einige Kapitel menschlicher Geschichte. Schweigsam und leer vor dem wolkenlosen Himmel Arizonas stehen die als Puerco Indian Ruins bekannten Steinhäuser, von denen bis heute nur einige ausgegraben und restauriert worden sind. Zwischen dem 12. und 15. Jahrhundert lebten Indianer in diesen Häusern. Was nach dieser Zeit aus den Menschen geworden ist, weiß heute niemand mit Bestimmtheit zu sagen. Ihre Petroglyphen am Newspaper Rock, einem großen Sandsteinfelsen, der von einem Aussichtspunkt nahe der Parkstraße zu sehen ist, sind bis heute gut erhalten. Zusammen mit anderen geschichtlichen Nachweisen wie den in den Puerco Indian Ruins gefundenen Tonwaren und -scherben erzählen die Schriftzeichen die Geschichte der Indianer in dieser Region bis zum Beginn des 15. Jahrhunderts.

Weiter südlich gelangen wir zu den Teepees, einigen spitz wie Indianerzelte geformten

Sandsteinhügeln, deren unterschiedliche Farbschichten besonders markant hervortreten. Auf der Spitze bestimmt rötlicher Ton das Bild, die dunkleren Streifen sind kohlehaltig. Darunter ziehen sich eine Schicht dunkler, rötlich gefärbter, eisenhaltiger Sandstein und ein gut erkennbarer weißer Sandsteinstreifen oberhalb der helleren, durch Eisenoxid rötlich braun gefärbten Sandsteinbasis entlang.

Streifenförmige bläuliche Verfärbungen im Gestein gaben der Blue Mesa ihren Namen. Wir wandern entlang fotogener Sandsteinformationen. Die Farbgebungen variieren abhängig von der Tageszeit und Lichtintensität, sind bei Sonnenschein ausgeprägter. An einem solch heißen Julitag mag niemand daran denken, dass bei bedecktem Wetter, wenn Himmel und Erde die gleiche Farbe annehmen, diese Umgebung einen wahrhaft melancholischen Charakter annehmen kann.

Eine Brücke der besonderen Art ist die Agate Bridge. Der quer über einer zwölf Meter tiefen Schlucht liegende versteinerte Baumstamm erhielt vor vielen Jahren eine Betonunterstützung, nachdem er zusammenzufallen drohte. Beachtliche Mengen versteinerten Holzes türmen sich auf am Fuße der Hügel, in den Kluften und auf den Ebenen des wenig weiter südlich gelegenen Jasper Forest, schroffe Zeitzeugen einer ganz anderen Welt. Besonders interessant kolorierte Versteinerungen weist der Rainbow Forest auf, zu welchen uns der Long Logs Trail führt, schöne, sanfte Farben in allen Variationen der Natur. Ein anderer kurzer Trail führt uns zum Agate House, einer weiteren partiell restaurierten Pueblo-Ruine des Parks.

Noch zur Jahrhundertwende, erfahren wir von einem Park Ranger in der klimatisierten Kühle des Rainbow Forest Museums, waren die prächtigen Versteinerungen begehrte Souvenirs der wenigen abenteuerlustigen Touristen, die ihren Weg in dieses abgelegene Land fanden, sowie der Rancher und Farmer der Umgebung, die sie kommerziell sammelten. Poliert wurden sie als Edelsteine verkauft oder weiter zu Schmuckstücken verarbeitet, wie es noch heute mit den außerhalb des Parks gesammelten Versteinerungen geschieht. Besorgte Bewohner des Arizona Territory stellten jedoch schon im ausgehenden 19. Jahrhundert fest, dass der Vorrat der Versteinerungen und Fossilien nicht unbegrenzt war. Deshalb wurde das abgelegene Gebiet schon im frühen 20. Jahrhundert unter Schutz gestellt, seither ist jegliches Mitnehmen von Versteinerungen untersagt.

Kurzinformation:

Das Painted Desert Visitor Center befindet sich an der Interstate 40 im Norden des Parks, das Rainbow Forest Museum im Süden des Parks.

Saguaro National Park

Schwarz und atemberaubend schön zeichnet sich die Silhouette eines Saguarokaktus' vor der rot glühenden untergehenden Sonne ab. Zweifelsohne ist der Saguaro eines der bedeutendsten Symbole des «Wilden Westens».

Trotz ihrer immensen Hitze und Trockenheit fasziniert die Sonora-Wüste im Gegensatz zu vielen anderen Wüsten Nordamerikas immer wieder durch ihre relativ üppige Flora und Fauna. Sie ist Heimat der größten Kakteengattung Nordamerikas, der Saguaros, welche als die «Monarchen der Sonora-Wüste» gelten. Ein außergewöhnlich vielfältiges Kakteenkönigreich liegt ihnen zu Füßen, gebildet von unzähligen kleineren Kakteen, Trockenheit liebenden Büschen und sperrigen Sträuchern, von Vögeln, Reptilien, Kaninchen, Wildschweinen, Kojoten und anderen Tieren.

Ein Kaktus ist nicht wie der andere, und ein Saguaro ist längst keine Kopie seiner Nach-

50 Jahre bis zum 2-Meter-Kaktus

barn. Die Formen der säulenartigen Saguaros sind so vielfältig wie die Wüste selber, mal kerzenleuchterähnlich gerade oder preußisch korrekt, mal merkwürdig bizarr verwachsen, mal mit nur einem Arm, mal mit einer Vielzahl in alle Himmelsrichtungen verbogenen Gliedmaßen. Skurril geben sich diese Riesenkakteen immer wieder, vielleicht erscheinen ihre Formen nur allzu menschenähnlich.

Ein langsames Wachstum ist den riesigen Kakteen eigen. Bis das kleine Samenkorn – eines von 40 Millionen, die ein 200-jähriger Saguaro in seinem langen Leben produziert haben kann – zu einem knapp einen halben Zentimeter messenden Minikaktus heranwächst, vergeht ein Jahr. Bis dieser wiederum zu einem Zwei-Meter-Kaktus gedeiht, mögen rund 50 Jahre vergehen. Erst im Alter von etwa 70 bis 80 Jahren beginnt ein Saguaro, Arme zu sprießen, zu blühen, Früchte und Samen zu tragen. Über acht Meter ragt der Saguaro-Veteran vor uns in die Höhe. Wie alt mag er sein? Vermutlich trägt er schon über 100 Jahre auf dem Buckel. Seine bis zu 15 Meter hohen Artgenossen haben bereits das biblische Alter von über 150 Jahren erreicht.

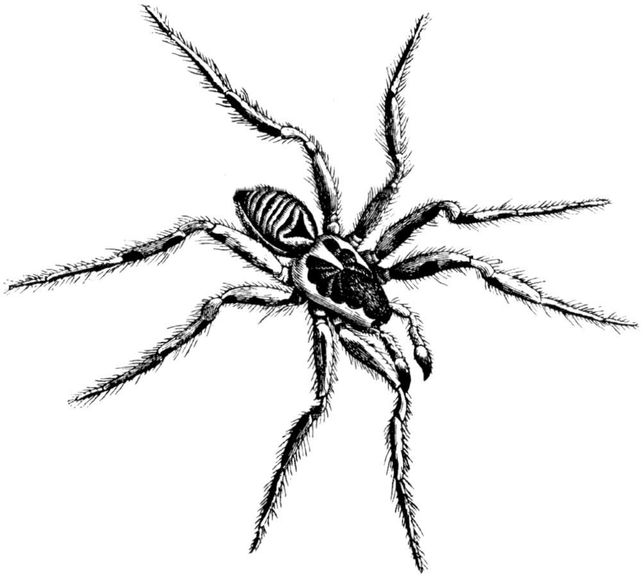

Achtung: Tarantel

Nur wenige Kakteen werden erwachsen

Unter idealen Umständen können Saguaros bis 200 Jahre alt werden. In diesen zwei Jahrhunderten sind sie von Anbeginn ihres Kakteenlebens an unzähligen Gefahren ausgesetzt. Die Unbilden für die zarten Kakteenkinder gehen nicht einfach nur vom Menschen aus, sondern schließen Nagetiere, Vögel, Sonneneinstrahlung, Dürre und Winterkälte ein. Hochgerechnet schaffen es vielleicht nur ein bis vier Samenkörner, zu ausgewachsenen Saguaros heranzureifen.

Auch für die «erwachsenen» Kakteen sieht das Leben nicht immer allzu rosig aus. Bei der Erschließung des Westens standen viele der stacheligen Veteranen dem immer stärker werdenden Siedlungsdrang der Weißen entgegen, sie wurden einfach gefällt und beiseite geräumt. Zwischen den Saguaros grasten Rinderherden, die den Boden verdichteten und Saguaro-Nachkömmlinge zertrampelten. Doch auch heute noch sind Kakteen außerhalb der Schutzgebiete durch extreme Dürre und Blitzschlag, durch Bau- und andere Entwicklungsmaßnahmen, durch Vandalismus, ja sogar Diebstahl und Achtlosigkeit der Menschen in ihrer Existenz gefährdet.

Arizonas besonders dichte und schönste Saguaro-Bestände schmücken die Hänge der zwei nicht miteinander verbundenen Nationalparkareale. In beiden Teilen führen phantastische Rundstraßen jeweils mitten durch die Saguaro-Wälder, bringen Wanderpfade den Besucher nah an die Riesenkakteen heran.

Aufgrund der Höhendifferenzen und der unterschiedlidchen Habitate umfasst die bergige Landschaft des Rincon Mountain District östlich von Tucson alle in der Sonora-Wüste vorkommenden Pflanzengemeinschaften. Während die Saguaros am trockeneren Bergfuß gedeihen, wachsen in größeren, feuchteren Höhen zunächst Eichen, übernehmen weiter oben Koniferen das Kommando. Auf seinen knapp 13 Kilometer langen Windungen durch das Herz des Kakteenwaldes präsentiert der Cactus Forest Drive eine überraschende Vielfalt an Lebensformen und ständig neue faszinierende Anblicke der Sonora-Wüste. Ob mit dichtem Stachelpolster oder mit kleinen, harten Blättern besetzt, mit gewachster Haut oder verholzt, an dem nur knapp 500 Meter langen Desert Ecology Trail identifizieren wir zahlreiche in dieser Umgebung heimische Pflanzenarten, die sich im Laufe der Evolution sehr gut der Hitze und Sonneneinstrahlung angepasst haben.

Für die Saguaros heißt es, mit Hilfe des weitverzweigten, oberflächennahen Wurzelsystems jeden Tropfen Feuchtigkeit aufzusaugen und für die überwiegende Zeit der Trockenheit im Jahr zu speichern. In den unglaublich heißen Monaten von Mai bis September wird bis auf die hochsommerlichen Gewitterstürme das Regenwasser meistens knapp. Doch sind die stacheligen Giganten gegen Dürrezeiten gut gewappnet, denn bei Regenfällen können sie im schwammigen, saugfähigen Gewebe ihrer expansionsfähigen Stämme große Mengen des kostbaren Nass speichern. Wassersparende Maßnahmen der Saguaros sind darüber hinaus die fehlenden Blätter und die vor zu viel austrocknender Sonne und Wind schützenden, dichten Stacheln.

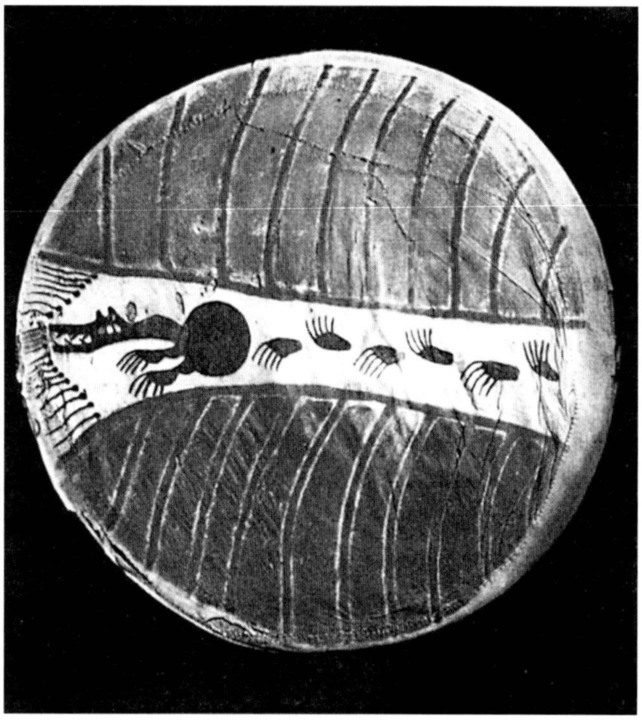

Im Tucson Mountain District westlich von Tucson breitet sich vor der Kulisse schroffer Berge trockenheißes, flaches Grasland aus, die «bajada», die perfekte klimatische Bedingungen für außergewöhnlich prächtige Saguaro-Bestände bietet.

Fast zehn Kilometer lang windet sich der Bajada Loop Drive durch die Welt der Riesenkakteen, Parkbuchten fordern immer wieder zu Stops auf. Eindrucksvoll und einsam bietet der Saguaro-Westteil eine Auswahl feiner Wanderwege in die Wüste, ganz gleich, ob man nur ein paar Schritte gehen oder stundenlang wandern möchte. Zu den schönsten Kurztrails gehören der Cactus Garden Trail, der Desert Discovery Nature Trail und der Valley View Overlook Trail, die alle weniger als ein Kilometer lang sind. Auch wir wollen zu Fuß zu den Saguaros, einmal die Hand ausstrecken und vorsichtig die wachsartige Kakteenhaut zwischen den Stachelspitzen fühlen, den Kopf nach hinten legen und am Stamm empor in das Blau des Himmels schauen. Vielleicht sehen wir einen Vogel, der sich in einer Höhle des Kakteenstamms ein Nest eingerichtet hat. Diese Art der Verwundung steckt der Saguaro gut weg, er polstert die Höhle mit einer festen Korkschicht aus.

Um die phantastischen Blüten der Saguaros zu erleben, hätten wir Ende April oder im Mai kommen müssen, doch im Juni und Juli zeigen die Saguaros uns dafür ihre feigenähnlichen Kaktusfrüchte, die von den Papago-Indianern früher zu Gelee, Sirup und Wein verarbeitet wurden. Im Übrigen verwendeten die Indianer auch das hölzerne Skelett des Kaktus zum Bau von Hütten und Zäunen.

Nicht zur Zierde sind die Ureinwohnerschilde (farbig) bemalt: die Symbole gaben dem Träger überirdischen Beistand

SYSTEM MIT 75 TROPFSTEIN-HÖHLEN

MIT AUFZUG HINUNTER ZUR ROTEN TOUR

Während der heißen hellen Tagesstunden halten sich die tierischen Bewohner in ihrer Aktivität zurück, sie kommen allenfalls in der Dämmerung oder erst nachts aus ihren Höhlen und schattigen, kühlen Verstecken, um zu fressen und die lebensnotwendige Feuchtigkeit aufzunehmen.

Kurzinformation:
Parkinformationen gibt es sowohl im Rincon Mountain District, östlich von Tucson, als auch im Tucson Mountain District, westlich von Tucson. Informationen über die Saguaros und die Sonora-Wüste vermittelt auch das Arizona-Sonora Desert Museum im Tucson Mountain County Park, direkt südlich des Tucson Mountain District.

Carlsbad Caverns National Park

Gigantische unterirdische Kammern mit unglaublich prächtigen Tropfsteinformationen kennzeichnen die Carlsbad Caverns, eines der größten Höhlensysteme dieser Welt. 75 Höhlen erstrecken sich in den Vorbergen der Guadalupe Mountains im südöstlichen New Mexico, nahe der texanischen Staatsgrenze.

Der Anfang seiner Entstehungsgeschichte reicht 250 Millionen Jahre zurück, als sich in dem tropischen Meer, das seinerzeit Teile von Texas und New Mexico bedeckte, ein 650 Kilometer langes Riff bildete. Mit der Austrocknung des Meeres versank das Riff unter Schichten von Salzen, Gipssanden und Wüstenstaub. Jahrmillionen später machten sich die gemeinsamen Kräfte von Auffaltung und Erosion an die Ausgrabung des alten Riffes. Leicht saures Regenwasser begann schließlich, in Ritzen und Spalten einzusickern, Schwefelsäure zersetzte allmählich den Kalkstein und hatte vor etwa 500 000 Jahren die großen unterirdischen Kammern der Carlsbad Caverns ausgehöhlt.

Noch längst war die Arbeit nicht beendet, nun ging es an die Dekoration der Kammern. Durch Kalzit-Ablagerungen aus dem hereinströmenden Sickerwasser entstanden Tropfen für Tropfen neue Gesteinsformationen. Noch heute dauert der Vorgang stetig an. Wo das Wasser aus der Decke sickert, hängen spitze Stalaktiten von der Decke herab, unaufhörlich laufen kalzithaltige Wassertropfen an ihnen herunter und fallen auf die sanft gerundete Spitze des emporragenden Stalagmiten. Wo sich beide treffen, entsteht eine Säule. Unendlich langsam wächst so ein zartes Gebilde heran, es verzeichnet nur wenige Millimeter Höhenzuwachs pro Jahr.

Besucher können über zwei Wege auf eigene Faust durch die Höhle streifen. Per Aufzug geht es hinunter zur zwei Kilometer langen, gut ausgebauten und ausgeleuchteten «Red Tour», die auf fast ebener Route zu allen Glanzpunkten der Höhle (Big Room) führt und eine Stunde dauert. Anstrengender, weil mit etwas mehr Laufen auf gewundenen Pfaden verbunden, ist die knapp fünf Kilometer lange, zwei- bis zweieinhalbstündige «Blue Tour». Sie beginnt am Natural Entrance, am natürlichen Eingang, über den 1901 auch der Entdecker der Höhle, der neunzehnjährige Cowboy Jim White, in die Unterwelt stolperte. Beide Routen enden am Aufzug, der wieder nach oben ans Tageslicht führt. Für eine Höhlentour sollte man sich warm anziehen, die Temperatur im Inneren der Carlsbad Caverns beträgt ganzjährig 13° Celsius, rutschfeste Schuhe mit Gummisohlen sind ebenfalls angebracht.

Die Blaue Tour führt uns zunächst über steiniges Terrain in die Fledermaushöhle, dann marschieren wir durch gewundene Gänge mit feuchtkalten Wänden vorbei an Devils Spring (Teufelsquelle) und durch die Devils Den (Teufelshöhle) und den Hauptkorridor in Richtung

Königliche Zustände in 250 Meter Tiefe

Sonnentempel hat Sonne niemals gesehen

Scenic Rooms. «Seid vorsichtig!» mahnt uns schweigend der «Witches Finger», der steinerne Hexenfinger, «die Böden sind uneben und glitschig». Der Iceberg Rock, ein 200 000 Tonnen schwerer Felsblock, ließ bei seinem Fall von der Höhlendecke vor einigen tausend Jahren wahrscheinlich die Erde erzittern. Schnell quetschen wir uns mit einem Blick an die immens hohe Decke an dieser Stelle vorbei und hinein in den Green Lake Room zu dem glasklaren, kleinen See und den unzähligen feinen Stalaktiten.

Beeindruckt von all dieser Pracht, die Jahrtausende im Dunkel der Erde verbrachte, bevor ein Mensch sie je sah, treten wir ein in die traumhaft schönen steinernen Gemächer des King's Palace, der zusammen mit Queen's Chamber und Papoose Room zu den faszinierendsten Räumen der Carlsbad Caverns gehört. 253 Meter tief unter der Erdoberfläche atmen wir die feuchtkalte Höhenluft ein, ansonsten herrschen hier wahrhaft königliche Zustände.

In jeder Ecke präsentieren sich gut angestrahlt oder verborgen im Halbdunkel phantastische Kalksteindekorationen, filigrane Türmchen, schleierartige Vorhänge aus durchscheinendem, rötlichem Felsstoff, bizarre Muster in flachen, klaren Teichen, kleine, große, dicke und dünne Stalagmiten und Stalaktiten in unbeschreiblicher Fülle und atemberaubenden Kompositionen. Dem Drang, die glänzend-feuchten Kalksteinformationen anzufassen, sollte man nicht nachgeben, allzu schnell können menschlicher Hautschweiß und unachtsame Berührung ein solches jahrtausendealtes Naturphänomen verändern oder zerstören.

Ängstlich und klaustrophobisch darf man nicht sein auf einer Tour in die unterirdischen Gemächer von König und Königin. So manches Mal heißt es sich ducken oder seitwärts an rauher Felswand vorbeistreifen, während an anderer Stelle das Dunkel der Unterwelt die Oberhand über unsere Helligkeit gewohnte Psyche gewinnt und ungewohnte, dumpf gluckernde Töne aus unergründlichen Tiefe an unsere Ohren dringen.

Lunchroom 230 Meter tief unter der Erde

Kräfte auftanken kann man im Underground Lunchroom 230 Meter tief unter der Erde, bevor es in den Big Room weitergeht. Die maximalen Ausmaße dieser weltgrößten Höhlenkammer betragen knapp 550 Meter in der Länge, 335 Meter in der Breite und 70 Meter in der Höhe. Fast ebenso großartig wie die Proportionen des Big Room sind die seiner «Dekorationsobjekte». Mit 19 stolzen Metern präsentiert sich der «Giant Dome» in der Hall of Giants als größter Stalagmit der Carlsbad Caverns, fast 13 Meter recken sich in seiner Nachbarschaft die beiden «Twin Domes» empor. Ihren Namen eigentlich zu Unrecht trägt die grandiose Formation des Temple of the Sun, hat sie doch die gleißende Wüstensonne niemals gesehen. Am Top of the Cross, der Spitze des als kreuzförmig beschriebenen Big Room, befindet sich eine Sitzecke, an der Ranger in kurzen Vorträgen über die Entstehungsgeschichte, die Entdeckung und die Lebewesen der Carlsbad Caverns sprechen.

Mit kristallklarem Antlitz verzaubert der Mirror Lake den Betrachter, wie sehr mögen erst die Entdecker dieser unterirdischen Gefilde fasziniert von all der unerwarteten Prachtentfaltung gewesen sein. Vergeblich versucht das menschliche Auge, die unergründlichen, schwarzen Tiefen jenseits der gläsernen Wasseroberfläche des Bottomless Pit zu durchdringen. Wirklich unendlich tief erscheint das Felsenloch, doch soll bei 43 Metern irgendwo der Boden sein.

Wer noch nicht genug hat von der wilden Schönheit subterraner Gemächer und Kammern, schließt sich einer Ranger-Führung durch die 26 Kilometer südwestlich von White's City gelegene Slaughter Canyon Cave an. Für diese zwei- bis zweieinhalbstündige Tour auf zwei Kilometern rauher Wegstrecke sind Anmeldungen und ein zirka dreiviertelstündiger Anmarsch erforderlich. In der nur geringfügig ausgebauten Höhle im Slaughter Canyon gibt es weder asphaltierte Wege, noch Elektrizität oder andere moderne Annehmlichkeiten. Licht in das ewige Dunkel bringen nur die Laternen und Taschenlampen der Teilnehmer und der Ranger. Zu den Höhepunkten der Slaughter Canyon Cave gehören die 27 Meter hohe Monarch-Säule, die mit funkelnden Kristallen behängte Weihnachtsbaum-Säule und die nur etwa knöchelhohe, aber durchscheinende, feine Chinesische Mauer.

In der Fledermaushöhle am Natural Entrance verbringen 60 Meter tief unter der Erde rund eine halbe Million Mexikanischer Freischwanz-Fledermäuse die hellen Tagesstunden des Sommers. Die in Mexiko überwinternden nachtaktiven Säugetiere kehren alljährlich zwischen März und Mai zu ihren subterranen Quartieren in den Carlsbad Caverns und anderen Höhlen des Südwestens zurück, wo sie bis Ende Oktober bleiben. Ihr Mist wurde einst kommerziell abgebaut und als Dünger eingesetzt.

Wir beschließen, zur Dämmerungszeit wiederzukommen, um von dem eigens zu diesem Zweck konstruierten Amphitheater aus das vom Frühling bis zum Herbst allabendlich stattfindende Spektakel des Fledermausfluges zu beobachten. Wenn die Tiere mit aufregendem Geflatter in einer Wolke schwarzer Silhouetten vor dem letzten Licht des Sonnenuntergangs zu ihren nächtlichen Beuteflügen losfliegen, spielt sich vor den Augen zahlreicher Zuschauer eine der großen Attraktionen der Carlsbad Caverns ab. Erst kurz vor dem Morgengrauen kehren die Fledermäuse zurück.

Auch oberirdisch hat Carlsbad Caverns mit dem Walnut Canyon Desert Drive Sehenswertes zu bieten. Eine kurvige, einspurige Schotterstraße mit vielen Stops und Aussichtspunkten führt den Besucher 15 Kilometer lang durch die rauhe, steinerne Kakteenlandschaft der Chihuahua-Wüste. Für Wohnmobile ist die Strecke nicht geeignet.

Kurzinformation:
Das «Visitor Center» befindet sich am Ende der asphaltierten Parkstraße, elf Kilometer von White's City entfernt.

Guadalupe Mountains National Park

Bei der Anfahrt, ob von Westen oder von Osten, besticht der Nationalpark in Westtexas schon von weitem durch sein einsames und grandioses Bergmassiv. Prominent ragt der Gip-

Wir sind im Gebiet der Apachen. Sah Winnetou so aus?

fel des El Capitan über der flachen texanischen Wüste in den blauen Himmel. Von alters her ist er ein wichtiges Landschaftsmerkmal für die hier jagenden Mescalero-Apachen und die frühen weißen Siedler und Soldaten, die ihren Weg in das Indianerland suchten.

Beinahe unvorstellbar, dass vor etwa 250 Millionen Jahren ein großer tropischer Ozean die heutigen Wüstenregionen von Texas und New Mexico bedeckte. Und die Guadalupe Mountains sind Teil eines 650 Kilometer langen hufeisenförmigen Riffs, das sich aus Algen, Schwämmen und anderen Organismen des Meeres sowie aus Kalkstein bildete. Im Laufe der Zeitgeschichte trocknete das Meer aus und wurde unter dicken Sedimentschichten begraben. Erst Jahrmillionen später exponierten Erdanhebungen und Erosionskräfte Teile des fossilienreichen Riffs. Sonnenverdörrt und steinig zeigt sich die Wüstenumgebung mit typischer Flora und Fauna der nördlichen Chihuahua-Wüste.

Klapperschlangen in der Yuccapflanze

Am Fuß der Berge gedeihen Kakteen in trauter Gemeinschaft mit genügsamen Yuccapflanzen, fleischigen Agaven und struppigen Sträuchern. Klapperschlangen, Eidechsen, Taranteln, Kojoten und andere Wüstenbewohner bevölkern das Terrain eher zurückhaltend und unauffällig, nutzen unzugängliche Regionen und nächtliche Stunden für ihre Ausflüge. Begegnungen zwischen Mensch und Tier finden meistens zufällig statt.

Während eines lockeren abendlichen «Campfire Circle», bei dem die Rangerin am Lagerfeuer Interessantes zur Naturgeschichte des Guadalupe Mountains vorträgt, läuft unserem Sitznachbarn gar eine Tarantel über den nackten Fuß. Überrascht man eine der eher scheuen Klapperschlangen, sollte man ihr unbehelligt das Wegerecht überlassen, bevor sie ungeduldig zu rasseln beginnt.

Guadalupe Mountains mit seinem 130 Kilometer langen Trailnetz aus Wegen unterschiedlicher Längen- und Schwierigkeitsgrade ist ein Park für Wanderer. Zu den populärsten Anstiegen zählt der Guadalupe Peak Trail, der vom «Visitor Center» ausgehend den mit 2667 Metern höchsten texanischen Berg erklimmt. Insgesamt sieben Kilometer und rund 900 Höhenmeter legt man dabei zurück, die Aussicht vom Gipfel ist phänomenal.

Neben den starken Winden am Berg können Trockenheit und die Hitze der Wüste, die nicht selten 35° Celsius erreicht, sowie die häufigen, intensiven Gewitterstürme der Sommernachmittage den Wanderern auf allen Trails des Parks Probleme bereiten. 1990 entzündeten zwei Blitze verheerende Brände in dem von jahrelanger Dürre geplagten Gebiet zwischen Frijole Ranch und McKittrick Canyon. Sie griffen auch in die schüsselartige Vertiefung der «Bowl» im Hochland über, die noch Überbleibsel des Waldes beherbergte, der vor rund 15 000 Jahren das noch weitaus kühlere und feuchtere Land bedeckte.

Mitte des 19. Jahrhunderts versuchten weiße Pioniere auf der Frijole Ranch, Viehzucht und Landwirtschaft in die harsche Region der Mescalero-Apachen zu bringen. Die über die Eindringlinge wenig erfreuten Indianer, die um die Herrschaft in ihrem Land kämpften, suchten ab 1849 in diesen nur schwer zugänglichen Bergen ein Refugium vor der drei Jahrzehnte währenden Verfolgungskampagne durch die US-Armee. Von der historischen Ranch, die heute ein Geschichtsmuseum ist, wandern wir auf einem schmalen Naturpfad zu den Quellteichen von Manzanita Spring und Smith Spring.

Ebenfalls von der Vergangenheit zeugen die Ruinen der Postkutschenstation The Pinery von 1858. Die «Butterfield Stagecoach Line» bediente ab jenem Jahr zweimal wöchentlich die Route zwischen St. Louis und San Francisco in der damaligen Rekordzeit von 25 Tagen. Die Zwischenstops an den 240 Stationen, ähnlich wie The Pinery, waren gut durchorganisiert, bereits von weitem gab der Fahrer ein Signal, schnell wurden bei Ankunft neue Pferde angeschirrt, Post und Passagiere aufgenommen, und weiter ging die Fahrt.

Eine Wanderpause auf dem Picknickplatz an der Pratt Cabin unterhalb der steilen Klippen des McKittrick Canyon erweist sich als besonders reizvoll. Wir müssen den Kopf in den Nacken legen, um zu den unzugänglichen Höhen hinaufzuschauen. Rund vier Kilometer sind wir vom Ausgangspunkt am «Visitor Center» entfernt. Dort, wo sich der Canyon schließlich verengt und der Trail zur McKittrick Ridge steil ansteigt und sich in den weglosen Gefilden des von bewaldeten Schluchten, schroffen Bergkämmen und steilen Gipfeln durchzogenen Hinterlandes fortsetzt, kehren wir auf unserer Wanderung um.

Einen Puma in freier Natur zu sehen, ist nur wenigen vergönnt (Foto H. J. Matussek)

Für uns ist der Trail durch die vor sengender Sonne und austrocknenden Winden geschützte malerische Wüstenschlucht mit interessanter Flora und Fauna ein Hochgenuss. Friedvoll sprudelt ein kleiner Bach zu Tal, an seinen Ufern haben sich Wildblumen, sogar Farne, und andere Feuchtigkeit liebende pflanzliche Canyonbewohner der Trockenzone angesiedelt, während an den Hängen Trockenheit gewohnte Pflanzen wachsen. Die für das heiße Texas raren gemäßigten klimatischen Bedingungen machen den Canyon zum erstklassigen Habitat für Hirsche, Stachelschweine, Füchse, Pumas und viele andere Tiere.

Weiter oben in kühleren und feuchteren Regionen des Canyons findet mit Kiefern und Fichten der allmähliche Übergang der Wüste in bewaldete Regionen des Hochlandes statt. Sowohl zur Blütezeit im Frühjahr als auch zur farbenfrohen Herbstzeit präsentiert sich der rauhe McKittrick Canyon besonders sehenswert.

Kurzinformation:

Parkinformationen befinden sich in Pine Springs und im McKittrick Canyon.

Big Bend National Park

Big Bend, der großartige Gebirgspark am mexikanischen Grenzfluss im südwestlichen Texas, liegt in der Chihuahua-Wüste, eine der einsamsten und trockensten Wüsten im Südwesten, die weit bis nach Mexiko hineinreicht. Landstriche voller Kakteen breiten sich vor

Biber, Pumas, Bären

Längliche und füllige Wüstenpflanzen, alle unrasiert

dem Auge aus, Berge türmen sich gleich einer mächtigen, dunklen Insel aus der flachen Wüste himmelwärts.

Bekannt ist der Park vor allem durch den Rio Grande, den Grenzfluss zwischen den USA und Mexiko, der in einem U-förmigen «großen Bogen» (big bend) die gesamte Südgrenze des Big Bend National Park definiert. Seine Ufer bieten zahlreichen Tieren einen Lebensraum, die man in der Wüste gar nicht vermutet, so zum Beispiel den Bibern, die in Uferhöhlen leben.

Vor allem «Whitewater Rafters» wissen um den phantastischen naturbelassenen Verlauf des Flusses, denn die spritzigen Stromschnellen sind ein ideales Revier für Wildwasser-Schlauchbootfahrten und die Szenerie der engen, steilen Canyons des Rio Grande bildet einen einzigartigen Rahmen. Ausgangspunkt für Flussfahrten ist meistens das kleine Nest Lajitas östlich des Parks. Autofahrer gelangen innerhalb des Big Bend nur zwischen Santa Elena Canyon und Castolon sowie in Rio Grande Village und Boquillas Canyon an den Fluss. Eine unglaubliche Stille brütet über der hitzeflirrenden Szenerie, Heimat speziell an Hitze und Trockenheit angepasster, oft seltener Tierarten, darunter einer nur in der Wüste vorkommenden Krötenart.

In Big Bend leben auch Pumas und mexikanische Schwarzbären, beide lautlose, scheue Grenzgänger, die sich bevorzugt in den höheren Bergregionen der Chisos Mountains aufhalten. Die «Road Runners», eine schnelle Laufvogelart, sieht man selten fliegen, aber häufig über die Straße rennen. Javelinas, die hiesigen Wildschweine, sind im Park überaus heimisch. Ihren Herden von rund zwanzig Tieren begegnet man an der Straße, aber auch auf Wanderwegen, sie bleiben friedlich, solange sie sich nicht bedroht fühlen. Gewissermaßen als Kulturfolger sieht man sie auch auf dem Parkplatz des Chisos Basin herumspazieren.

Eine einzigartige Flora gedeiht auf dem anscheinend so öde und unfruchtbar wirkenden Wüstenland. Kakteen bestimmen das populäre Bild der Wüstenpflanzen, etwas länglichere Feigenkakteen inmitten anderer ebenfalls unrasierter Nachbarn, wie etwa den mehr zur Leibesfülle neigenden Kugelkakteen, während Creosotebüsche zornig ihre sperrigen Zweige in die Luft recken und an Ocotillobüschen grazile Zweige sprießen. Die mannigfaltigen Formen der Kakteen mit Blüten in Rot-, Rosa- und Gelbtönen, die im Big Bend zwischen Februar und Mai zu bestaunen sind, und die unglaubliche Anpassungsfähigkeit an das trockenheiße Wüstenklima faszinieren wie bei keiner anderen Pflanzenart.

Geduld und Ausdauer scheinen Eigenschaften aller Wüstenpflanzen zu sein. Eile ist nur schädlich, wenn man unbestimmte Zeit auf den nächsten Regen warten muss. Diverse Arten der Stacheln, das Wachs auf der Haut und flache Wurzelsysteme bewahren die pflanzeneigenen Wasservorräte und schützen vor Austrocknung. Eine besondere Strategie haben die Creosotebüsche entwickelt, ihre Wurzeln

Vermeiden Sie einen zu nahen Kontakt mit diesem putzigen Kerl! Das Stinktier zeigt mittels Kopfstand seine Warnfarben

produzieren Toxine, welche die Ansiedlung weiterer Pflanzen in ihrem Umkreis verhindern und so das Regenwasser allein dem Creosotebusch zukommen lassen. Ocotillobüsche verlieren ihre Blätter bei Trockenheit und lassen innerhalb weniger Tage nach einem Regen neues Grün und im Frühjahr bezaubernde rote Blüten sprießen. Samenkörner liegen oft ein Jahr im Boden, bevor ausreichend Feuchtigkeit sie zum Keimen bringt.
Und wenn dann der erlösende Regen fällt, legen die meisten Wüstenpflanzen ein weitaus beschleunigteres Wachstum als das jeglicher Pflanzen der gemäßigten Zonen vor. Sind sie zu langsam, machen sich nämlich die Nachbarn das überlebensnotwendige Wasser zunutze oder es verdunstet ungebraucht.

Wilder Westen der schönsten und wildesten Seite

In dieser Wüste erleben wir den «Wilden Westen» von seiner schönsten und wildesten Seite. Kakteen, die wir nur aus Naturbüchern kennen, gedeihen hier Seite an Seite, Klapperschlangen verschwinden raschelnd im dornigen Gestrüpp, Geier sitzen bewegungslos, aber mit wachsamem Auge auf dem kahlen Geäst eines abgestorbenen Baumes. Vor der Mule Ears Spring, einer kleinen, grünen Quelloase in der Wüste, treffen wir einen müden Wanderer. Er war weiter gegangen als geplant, und viel schneller als gedacht, fordern Durst, Hitze sowie die intensive Sonnenbestrahlung auf seinen unbedeckten Kopf ihren Tribut. Ihm war schwarz vor Augen, seine viel zu kleine Wasserflasche längst leergetrunken.
Im Herzen des Big Bend erreichen wir nach kurviger Zufahrt das weitläufige, bewaldete Chisos Mountains Basin. In dem von den Chisos Mountains begrenzten, hochgelegenen Felsenbecken auf rund 1600 Meter Meereshöhe ist das Klima kühler und etwas feuchter, immerhin fällt doppelt so viel Regen wie im Rio Grande Village. Nicht nur ist das Chisos Mountains Basin ein Refugium von weniger an das Wüstenklima angepassten Pflanzen und Tieren, es bildet auch das touristische Zentrum des Parks mit der Chisos Mountains Lodge und einem Netz von populären Wanderwegen.
Eine der erlebnisreichsten Wanderungen (sieben Kilometer) aus dem Basin führt uns zum Gipfel des Emory Peak (2388 Meter). Knirschendes Gestein unter den Schuhen, stapfen wir am frühen Morgen bergauf. Um die Ecke treffen wir auf eine Herde Javelinas, die erstaunt ins Gebüsch galoppiert. Nach einigen Metern Kraxelei am Gipfel gönnen wir uns vor dem atemberaubenden Panorama eine Pause. Wie eine Relieflandkarte breiten sich Kilometer über Kilometer pastellfarbenen, hitzeverzerrten Wüstenlandes mit Höhenzügen und Ebenen zu unseren Füßen aus. Allein das Rauschen des Windes durchbricht die grandiose Stille, die uns hier auf dem höchsten Berg des Parks umfängt. Am frühen Abend machen wir noch den Spaziergang zu dem am Rand des Chisos Basin gelegenen «Window», einer 145 Meter hohen, pittoresken Felsscharte mit phantastischer Aussicht, und sehen die Sonne goldorange hinter den aufglühenden Schönwetterwolken versinken.
Von Santa Elena Junction aus folgen wir dem Ross Maxwell Scenic Drive südwärts in Richtung Santa Elena Canyon. Linkerhand ragen gleich einer trutzigen Felsenburg die schroffen Gipfel der Chisos Mountains empor. Über ihren Häuptern sammeln sich graue Wolken zu einem spätsommerlichen Gewitter, das große Mengen des begehrten Regens auf das ausgedörrte Land niederprasseln lassen wird.
Südlich des bizarren Tuff Canyon liegt der Cottonwood-Campingplatz im begehrten Schatten der Pappeln am Ufer des Rio Grande. 13 Kilometer flussaufwärts erreichen wir den Santa

Elena Canyon Overlook und blicken auf den tiefen, V-förmigen Einschnitt in der Bergkette, durch den sich der sedimentbeladene Rio Grande seinen Weg gebahnt hat. Am Fuße mehrere hundert Meter hoher, vertikal aufsteigender Canyonwände wandern wir wenig später den Fluss entlang durch den beeindruckenden Santa Elena Canyon. Unsere Seite liegt schon im Schatten, während die schon zu Mexiko gehörende gegenüberliegende Steilwand noch von der Sonne angestrahlt wird. Vor langer Zeit herabgestürzte, haushohe Felsbrocken säumen das Flussbett und erinnern uns an die explosive Kraft und Schnelligkeit, mit der in diesem unverwüstbar erscheinenden Felsenland gravierende Veränderungen vor sich gehen.

Über Panther Junction, wo sich das «Visitor Center» befindet, folgen wir 32 Kilometer lang der einsamen Wüstenstraße zum Rio Grande Village, einem kleinen Nebenzentrum am östlichen Ende des Parks mit touristischer Infrastruktur, wie Tankstelle, Zelt- und Picknickplätzen. Tankstellen erscheinen uns besonders wichtig, ein leerer Tank kann aufgrund des menschenleeren Parkbereiches und der immensen Entfernungen schnell zum Problem werden.

Auf dem Weg zum Boquillas Canyon sehen wir von der gegenüberliegenden Flussseite ein kleines Ruderboot anlanden. Menschen winken von der mexikanischen Seite herüber, es gibt keine Brücken, nur per Boot können sie den Rio Grande an diesem offiziellen, kleinen Grenzübergang wechseln. Mit dem Verkauf von Schmuck und handgefertigtem Kunsthandwerk an die Touristen versuchen sie, ihr karges Einkommen aufzubessern. Irgendwo hinter den Bergen leben diese Männer, Frauen und Kinder in einem kleinen Dorf.

Unser Entschluss, ins Boquillas Canyon hineinzuwandern, festigt sich, als wir der berauschenden Westernszenerie näher kommen. Im Canyon zwängt sich der Fluss vehement zwischen hohen Steilwänden hindurch, ein kleines Stück begleiten wir ihn auf dem holprigen, staubigen Trail an seiner Seite. Ein unvergessliches Erlebnis ist der Canyon sicherlich auch vom Wasser aus, wie ein fröhlicher Trupp auf einem durch die Stromschnellen schießenden Schlauchboot bekundet.

Kurzinformation:

Im Zentrum des Parks befindet sich das Panther Junction Visitor Center, eine zweite Parkinformation gibt es im Rio Grande Village im Südosten des Parks. Informationen erteilt auch die Castolon Ranger Station, 13 Kilometer östlich des Santa Elena Canyon.

1836 verlor der mexikanische General und Präsident Santa Anna das bisher zu Mexiko gehörende Texas. Danach bildete Texas bis zum Anschluss an die USA (1845) einen selbständigen Staat

Nationalparks in den Rocky Mountains

Glacier National Park

Der Glacier National Park im nordwestlichen Montana beherbergt eine der schönsten Gebirgslandschaften in den amerikanischen Rocky Mountains. An seinen steilen Bergflanken, ausgeprägten Gletschertälern und klaren Seen führt die faszinierende Going-to-the-Sun Road vorbei, eine der panoramareichsten Hochgebirgsstraßen der USA.
Mit dem im Norden anschließenden, weitaus kleineren Areal des kanadischen Waterton Lakes National Park verbindet sich Glacier zum grenzüberschreitenden Naturschutzpark. Beide liegen am Übergang des nur sanft gewellten Prärielandes der Great Plains zu den schroffen Bergen der Rocky Mountains, verbunden durch den Chief Mountain International Highway. Auf seiner vorzüglichen Streckenführung beobachten wir von den besonders schön gelegenen Aussichtspunkten auf kanadischer Seite den abrupten Wechsel von der Prärie- zur Hochgebirgslandschaft. Wir nehmen uns viel Zeit, die Natur um uns herum zu beobachten. Weiße Wolken treiben in schnellem Wechsel über das Gebirge und ballen sich grau in grau irgendwo am Horizont zum nächsten nachmittäglichen Sommergewitter zusammen.
Unmittelbar an das Ökosystem Prärie schließt sich die vollkommen unterschiedliche Welt des Hochgebirges an. Etwa 50 meist kleinere Gletscher verteilen sich über das schwer zugängliche Hinterland des Parks. Weitaus größer war ihre Bedeutung in der Vergangenheit, als sie mit ihren unermesslichen Kräften die U-förmigen Täler des Parks ausschliffen. In den alpinen Höhen streifen noch zahlreiche Grizzlybären umher, die sich sonst in den USA außerhalb Alaskas nur noch in ganz vereinzelten Gebirgsregionen, wie etwa im Yellowstone National Park, aufhalten. Tagesbesucher bekommen die scheuen Grizzlybären sehr selten zu Gesicht. In Straßennähe sehen wir einen der etwas weniger scheuen Schwarzbären, ein eigentlich eher brünettes, aber ungemein beliebtes Fotomotiv, das sogleich einen kleinen Verkehrsauflauf herbeiführt. Jetzt im Spätsommer sucht Meister Petz nach Beeren, Pilzen und allem anderen Futter, um sich ausreichend Winterspeck für den langen, kalten Rocky-Mountain-Winter anzufressen.
Auf ihrem Weg von den östlichen Prärien in die westlichen Berge windet sich die 1932 fertig gestellte, 80 Kilometer lange Straße vom Saint Mary Lake eng an die Felsen geschmiegt hoch zum Logan Pass und wieder hinunter zum Lake McDonald, wobei sie enge Haarnadelkurven und schmale Tunnels durchläuft und größeren Wohnmobilen deshalb kein Durchkommen bietet.
Zunächst erreicht die Going-to-the-Sun Road den Saint Mary Lake am Fuße der Lewis Range, ein wunderschönes Fotomotiv mit den Reflektionen der benachbarten Gipfel. Im Morgensonnenlicht wirken die Farben der umliegenden, über 1600 Meter hohen Berge besonders fotogen. Im Süden liegt die dreifache Wasserscheide am Triple Divide Mountain, von des-

Elch

sen Spitze die Niederschläge entweder über den Columbia River in den Pazifik, über den Saskatchewan River in die Hudson Bay oder über Missouri und Mississippi River in den Golf von Mexiko fließen. Einen reizvollen Ausblick auf den Saint Mary Lake gewährt uns der Going-to-the-Sun Point. Wie die meisten anderen Berge nördlich des Sees strahlt der Going-to-the-Sun Mountain in verschiedenen, rötlich betonten Gesteinsfarben.

Am Logan Pass (2031 Meter) kreuzt die Straße die Continental Divide, die kontinentale Wasserscheide zwischen Atlantik und Pazifik. Im Frühsommer prägen gelbe Gletscherlilien in großer Zahl die Umgebung. Sie erscheinen ab Juni, selbst wenn sie ihre Köpfe noch durch verharschten Schnee schieben müssen. Entlang des kurzen Hanging Gardens Nature Trail präsentieren sich bis zum August prächtige Wildblumenwiesen in voller Blüte.

Ein hervorragender Wanderpfad ist der 2,5 Kilometer lange Hidden Lake Overlook Trail, auf dem wir zunächst ein wenig zur Passhöhe ansteigen und anschließend auf der anderen Passseite zum Aussichtspunkt zum «versteckten See» weitergehen. Schönster Lohn der Wanderung sind die schneeweißen, zottigen Schneeziegen unterwegs und ein prachtvolles Panorama auf den von steilen Bergschluchten eingerahmten, halbmondförmigen See. Ebenfalls am Logan Pass beginnt der Highline Trail hoch oberhalb des McDonald Valley, der bereits auf dem ersten Kilometer einen schönen Überblick auf die gewundene Going-to-the-Sun Road bietet.

Zunächst geht es auf einer schmalen Wegstrecke zwischen Felswand und Steilhang entlang der Garden Wall. Unterwegs wird der Wanderer von wunderschönen alpinen Wiesen mit üppigem Blumenbewuchs begleitet, markant hebt sich das über einen Meter hohe «Beargrass» aus der Gattung der Liliengewächse mit seinen dichten cremefarbenen Blütendolden hervor. Nach zwölf Kilometern endet der Weg am Granite Park Chalet, einer Schutzhütte in den Bergen.

Hier gibt's McDonald – nicht als Burger, aber als See und Fluss

Westseitig des Logan Pass folgen wir im Tal des McDonald Creek dem kurzen Trail of the Cedars durch einen uralten, üppigen Wald zur Schlucht des Avalanche Creek, wo dieser im rötlichen Gestein zahlreiche «Potholes» (Strudellöcher) ausgewaschen hat. Nach drei Kilometern endet der Avalanche Creek Trail vor der prachtvollen Kulisse des Avalanche Lake, in den sich aus dem umgebenden Bergkessel 300 Meter hohe Wasserfälle stürzen.

Wir setzen unsere Fahrt auf der Going-to-the-Sun Road am Südufer des 16 Kilometer langen McDonald Lake fort. Malerisch liegt der größte See des Parks in einem waldigen Tal, das von jeher einen bedeutenden touristischen Anziehungspunkt darstellt. Von der Lake McDonald Lodge am östlichen Ende des McDonald Lake unternehmen wir mit dem Ausflugsboot eine Seerundfahrt.

Die Straße nach Many Glacier beginnt in Babb, östlich des Parks. als eines der Schmuckstücke des Parks verläuft sie zunächst am aufgestauten Sherburne Lake entlang bis zum rustikalen Many Glacier Hotel in einmaliger Lage am Swiftcurrent Lake. Hier treffen mehrere Gletschertäler in einem phantastischen Panorama aufeinander, üppige bunte Wildblumenwiesen gedeihen auf sonnenbeschienenen Hängen, klare Seen ruhen unterhalb steiler Bergflanken. Ein ausgedehntes Wanderwegenetz bietet Touren für jeden Geschmack. Gemütlich lässt sich der Weg rund um Swiftcurrent Lake und Lake Josephine angehen, eine Bootsfahrt über die Seen erspart rund drei Kilometer Gehstrecke.

Textfortsetzung Seite 89

Die Yosemite-Fälle, angeschwollen durch die Schneeschmelze. Yosemite National Park, Kalifornien

nächste Doppelseite: *Taft Point mit dem Half Dome. Yosemite National Park*

übernächste Doppelseite: *Yosemite Valley mit El Capitan (links) und Half Dome (hinten)*

Felsgebilde im Joshua Tree National Park, Kalifornien

Spätwinter im Yosemite National Park, Kalifornien

In Yosemite National Park: Nevada-Fälle (oben) und Vernal-Fälle im Little Yosemite Valley

nächste Doppelseite: *Phantasievolle Wuchsformen im Joshua Tree National Park, Kalifornien*

von oben nach unten:
– *Half Dome. Yosemite National Park, Kalifornien*
– *Gletschergeschliffene Granitkuppe. Yosemite National Park*
– *Wuchsformen klimatischer Härte auf 3000 Meter Höhe. Yosemite National Park*
– *Sierra Nevada in der Grenzzone des Kings Canyon und Sequoia National Park, Kalifornien*
– *Im Sequoia National Park*
– *Wo Bäume aus dem Fels wachsen: Olmstead Point. Yosemite National Park*
– *Olmstead Point*
– *Gletscherskulpturierte Berge im Yosemite National Park*

Morgendämmerung über dem Half Dome. Yosemite National Park

nächste Doppelseite: *Blick vom Olmstead Point auf Half Dome*

übernächste Doppelseite: *Ein Spätwintertag im Yosemite Valley*

Der voluminöseste Baum der Welt. Bleibt bloß zu hoffen, dass ihm diese kriegerische Namensgebung keinen Schaden zufügt. Sequoia National Park, Kalifornien

Wer etwas länger gehen möchte, nimmt sich die neun Kilometer weite Wanderung von den Seen zum Grinnell-Gletscher vor oder die sieben Kilometer lange Strecke zum Iceberg Lake, dem attraktivsten Bergsee des Parks. Nur 300 Meter Höhenunterschied überwindet der letztgenannte Pfad, er steigt auf den ersten vier Kilometern mäßig an durch prachtvolle Wildblumenwiesen zu den Ptarmigan Falls und führt anschließend an der Flanke des Mount Wilbur weiter. Im Talkessel unterhalb der 800 Meter hohen steil abfallenden Pinnacle Wall treiben im See Eisblöcke, die von dem kleinen Gletscher am Bergfuß ins Wasser gestürzt sind.

Kurzinformation:

Parkinformationen des Glacier National Park gibt es in Saint Mary, am Logan Pass und in Apgar.

Yellowstone National Park

Unvergessliche Bilder bieten sich im Yellowstone National Park. Mit seinen wasserspeienden Geysiren, heißen Quellen und dampfenden Kalkterrassen, den tiefen Canyons und mächtigen Büffeln fasziniert der großartige Park Besucher aus aller Welt. Für viele Amerikaner zählt eine Rundreise entlang der aufregenden Naturschauspiele des Yellowstone zu den schönsten Kindheitserinnerungen.

Furchtlos setzte 1807 der Trapper John Colter als erster Weißer seinen Fuß in das Territorium der brodelnden Thermalbecken des Yellowstone, das zunächst nach ihm Colter's Hell (Colters Hölle) genannt wurde. Bereits 1872 konnte sich Yellowstone rühmen, der erste Nationalpark der Welt zu sein. Als Namensgeber dienten die gelben Gesteinsablagerungen des Yellowstone River an seiner Einmündung in den Missouri River.

Der größte US-Nationalpark außerhalb Alaskas nimmt fast 9000 Quadratkilometer im Nordwesten Wyomings ein und reicht knapp bis über die Staatengrenzen nach Montana und Idaho hinein. Die knapp 230 Kilometer lange Parkstraße führt in Form einer Acht an den meisten landschaftlichen Höhepunkten des Yellowstone, aber auch an verkohlten Wäldern vorbei, die auf den katastrophalen Waldbrand des Jahres 1988 zurückzuführen sind. Bei Bedarf kann man eine kürzere Route wählen, der obere Teil der «Acht» ist 113 Kilometer, der untere Abschnitt 155 Kilometer lang. Die nachfolgend beschriebenen Sehenswürdigkeiten liegen im Uhrzeigersinn entlang der Parkstraße.

Faszinierendster Punkt der Parktour ist das Upper Geyser Basin. Das größte Geysirbecken der Welt bietet eine unermessliche Fülle thermischer Aktivitäten, die von spuckenden Wasserlöchern über regenbogenfarbige, heiße Quellen bis hin zu meterhoch verkrusteten Sinterkegeln reichen. Das Zentrum des Parks, so auch das Upper Geyser Basin, befindet sich in einer Kaldera, der schüsselförmigen Beckenlandschaft eines vor Urzeiten zusammengebrochenen Vulkans. Hier erleben wir noch immer Spuren des Vulkanismus, der das Gebiet des Yellowstone entstehen ließ.

Old Faithful gilt als Wahrzeichen und eindeutiger Besucherliebling des Yellowstone. Seine bis 55 Meter hohen Fontänen sind zwar längst nicht die höchsten und auch nicht die häufigsten, aber sie sind zuverlässig, was dem Geysir seine langjährige Favoritenrolle eingetragen hat.

Seit 1870, als die Washburn-Expedition ihn mit dem Namen «alter Getreuer» belegte, macht er diesem alle Ehre. Etwa 19-mal pro Tag sprüht er seine Wassersäulen in bemerkenswert regelmäßigen, nur geringfügig abweichenden Abständen in die Luft. Bei dem rund drei Minuten dauernden Schauspiel stößt er zwischen 14000 und 32000 Liter heißen Wassers in die Luft aus.

Auf dem Geyser Hill eruptiert der Anemone Geyser alle sieben bis zehn Minuten mit bis zu vier Meter hohen Fontänen. Nebenan röhrt der «Löwe» – ein tiefes Grollen in seinem Inneren kündigt zwei- bis dreimal täglich die Eruption des Lion Geysers an. Der mit dem größten Sinterkegel weit und breit besetzte Castle Geyser ist vielleicht der älteste Geysir im Park. Er eruptiert zweimal täglich mit 27 Meter Höhe. Ebenfalls einen imposanten Sinterkegel verzeichnet der fast unentwegt zu vier Meter Höhe aufsprudelnde Grotto Geyser. Auf der anderen Flussseite verschafft sich in regelmäßigen Abständen von sechs Stunden der Riverside Geyser Luft. Ruhig und erhaben erstrahlen die von tiefblau bis orange reichenden, durch verschiedene Algen verursachten Regenbogenfarben des traumhaften Morning Glory Pool, des schönsten Heißwasserteiches im Yellowstone. Leider hat der Pool durch menschliche Unvernunft längst ein wenig seiner ursprünglichen Farbkraft verloren. Münzen und ähnlicher Unrat verschlechtern die Wasserzirkulation der Heißwasserquelle, setzen die Wassertemperaturen herab und verhindern den Algenbewuchs.

Der regelmäßig aktive Daisy Geyser am südlichen Ende des Upper Geyser Basin bugsiert seine 23 Meter hohen Wassersäulen etwas schief in die Höhe und erwischt dabei schon einmal allzu sorglose Besucher. Von hier aus führt ein Wanderweg auf 1,5 Kilometern vorbei am klaren und azurblauen, heißen Black Sand Pool zum Black Sand Basin auf der anderen Seite der Parkstraße. Das übersichtliche Geysirbecken mit drei hübschen Heißwasserteichen und dem Cliff Geyser an der Seite des Iron Creek, der zehn Meter hohe Fontänen in die Luft speit, erhielt seinen Namen wegen des aus Obsidian bestehenden schwarzen Sandes.

Wie der Name vermuten lässt, liegt das sehenswerte Midway Geyser Basin auf halbem Weg zwischen Lower und Upper Geyser Basin. Zu dem Geysirbecken gehört die Grand Prismatic Spring, eine wunderschöne, heiße Quelle mit sagenhaften 110 Metern Durchmesser. Noch immer brodelt es im Inneren des Excelsior Geyser, der im letzten Jahrhundert mit bis zu 90 Meter hohen Eruptionen von sich reden machte.

Über den Firehole Lake Drive führt ein kurzer Abstecher von der Parkstraße zum mächtigen Sinterkegel des White Dome Geyser und zum «großen Springbrunnen» des Great Fountain Geyser. Kurz danach bietet sich der lohnenswerte Rundwanderweg um den Fountain Paint Pot im Lower Geyser Basin an. Auf dem Hügel blubbern Schlammlöcher und zischen Dampfwolken aus der Tiefe, darunter spritzen Geysire und brodeln heiße Quellen – hier ist die Frühgeschichte der Erde zum Greifen nahe. Wir setzen unsere Fahrt nordwärts fort. Wohin man auch im riesigen Norris Geyser Basin schaut, überall qualmt, brodelt und dampft es, eine Art natürlicher Hexenkessel. Gelegentlich ertönt ein Grollen aus den Eingeweiden der

Faszinosum schon im 19. Jh.: Der Castle-Geysir

Geysire. Einige Geysire, wie der Constant und der Dark Cavern, eruptieren in regelmäßigen Abständen mehrmals stündlich, andere lassen sich mehr Zeit.

Unvorhersagbare, cholerische Ausbrüche sind dem Steamboat Geyser eigen, der in besonders aktiven Phasen seine Fontänen über 100 Meter hoch in die Luft schießt.

Ganz im Norden begrüßen uns die prächtigen Kalksteinterrassen in Mammoth Hot Springs in immer neuen Ausprägungen und taufrischen Farben. Über den gesamten Hang hinweg sucht sich das heiße Wasser unentwegt neue Wege, legt auf seinem Kurs pastellfarbene und mit weißem Rand umkrustete Wasserbecken an. Alte, wasserlose Terrassen liegen in stumpfem Grau, neue prangen von zartem Rosa über Lindgrün bis Hellblau. Der Spaziergang auf dem Holzsteg entlang der beeindruckenden Anhöhe der Minerva Terrace zählt zu den großen Attraktionen im Yellowstone. Besonders brillant präsentieren sich hier die Mammoth Hot Springs im Morgensonnenlicht. An der Einmündung Tower-Roosevelt führt aus Nordosten über den Beartooth Path die aussichtsreichste Zufahrt in den Yellowstone. Der 3335 Meter hohe «Bärenzahnpass» bietet eine phantastische Fernsicht auf die Beartooth Range der Rocky Mountains mit dem Granite Peak (3901 Meter), dem höchsten Berg Montanas.

Der Grand Canyon of the Yellowstone ist ein weiterer Höhepunkt auf der Rundfahrt. Bis knapp 500 Meter tief hat sich der Yellowstone River in das lockere Vulkangestein eingegraben. Aus den Canyonwänden steigen unentwegt kleine Dampfwolken auf – auch hier lässt sich die vulkanische Vergangenheit des Parks nicht leugnen. Bester Aussichtspunkt auf der Südseite des Canyons ist der Artist Point, wo die Wände senkrecht abstürzen. In nicht allzu weiter Ferne sehen wir die Lower Falls 100 Meter in die Tiefe donnern. Inmitten der Fälle bemerken wir einen auffälligen flaschengrünen Streifen im glasklaren Flusswasser, der vom Algenbewuchs der Felswände stammt. Auch von der Nordseite eröffnen sich exzellente Ausblicke auf den Wasserfall: Grandview Point und Lookout Point – die Namen sprechen für sich. Dort bietet sich der Weg hinab zu den Lower Falls als hübsche Wanderung an. Etwas weiter flussaufwärts rauschen die «nur» 33 Meter hohen, nicht ganz so spektakulären Upper Falls.

Wie ein Bild aus alten Zeiten, als Bisons noch zu hunderttausenden durch die Prärien des Westens streiften, mutet uns die Herde an, die gleich einer Prozession vor der untergehenden Sonne dem Wald zumarschiert. Die im Yellowstone grasenden Tiere gehören zur größten Büffelherde der USA. Zwar gibt es bei den im Park frei umherstreifenden Bisons keine Gewähr für eine Sichtung, aber kurz vor Einbruch der Dämmerung pflegen die zotteligen Giganten regelmäßig zu den saftigen Wiesen im Hayden Valley aufzubrechen. Gemächlich überqueren sie die Parkstraße, wo sich der eine oder andere Büffel – sehr zur Freude aller Touristen – auch mal zur Rast niederlegt. Trotz der äußerlichen Ruhe ist Abstand halten angesagt, sind die so träge wirkenden Büffel doch zu unberechenbaren Reaktionen und beachtlichen Sprints imstande, wie gelegentliche Zusammenstöße mit allzu sorglosen Besuchern bestätigen.

Bären füttern strengstens verboten!

Während Büffel noch immer zum tagtäglichen Erscheinungsbild zählen, gehören die historischen Fotos der am Straßenrand nach Futter bettelnden Yellowstone-Bären der Vergangenheit an. Seitdem das Füttern von Meister Petz strengstens untersagt ist und bestraft wird, haben sich die allesfressenden Schwarzbären – deren Fellfarbe im Gegensatz zum Namen von schwarz über braun bis zimtfarben reicht – weitgehend ins Hinterland zurückgezogen. Die größeren, extrem scheuen Grizzlybären halten sich von Natur aus sowieso bevorzugt in den weit von den erschlossenen Gebieten des Yellowstone entfernten, unwegsamen Gebirgsregionen auf.

Am südlichen Ende des Hayden Valley blubbern im Mud Volcano Geyser unablässig graubraune Schlammtöpfe vor sich hin, sie brodeln wie Pudding, wie einer der Besucher bemerkt, und stinken zum Himmel. Schuld an dieser Tatsache trägt der Schwefelgeruch. Die «Schlammvulkane» bilden einen interessanten Gegensatz zu den Geysiren und den klaren, heißen Quellen der anderen Thermalbecken.

Weiter geht es entlang des nordwestlichen Ufers des Yellowstone Lake, des größten Bergsees der USA, zum West Thumb Geyser Basin. Das Geysirbecken am westlichen Daumen des Yellowstone Lake präsentiert sich als phantastisches Thermalbecken. Auf einem beeindruckenden, kurzen Rundweg vor weiter Seekulisse erschließen sich farbenfrohe Bäche und Quellen, schnorchelnde und speiende Geysire. Selbst im Uferbereich des ansonsten überaus kalten Yellowstone Lake strömt das heiße Wasser einiger Quellen aus. Eine erhöhte Quelle lugt wie ein kleiner Vulkan aus dem glasklaren See.

Kurzinformation:

Parkinformationen des Yellowstone National Park findet man am Old Faithful, in Mammoth Hot Springs, im Canyon Village am Grand Canyon of the Yellowstone, im Lake Village am Yellowstone Lake und im West-Thumb-Gebiet, ebenfalls am Yellowstone Lake.

Grand Teton National Park

Die unmittelbar aus der umgebenden Prärie aufsteigende, bis zu 4197 Meter hohe Teton Range im nordwestlichen Wyoming bietet von Osten aus eine wahre Bilderbuchperspektive. Gleich Perlen an einer Schnur aufgereiht, präsentieren sich Grand, Middle und South Teton mit ihren Nachbarn ohne jegliches Vorgebirge als langgestreckte Gipfelkette, mit den Windungen des Snake River im Vordergrund. Im Vergleich zur Hochebene des benachbarten Yellowstone National Park, die kaum über markante Berge verfügt, besticht Grand Teton durch sein fotogenes Nebeneinander von Fluss und Bergen.

Dort, wo der Snake River, dessen Quellen in der Wildnis des Yellowstone National Park liegen, in den Jackson Lake fließt, liegt das Nordende des Grand Teton National Park. 1916, zu einer Zeit als Grand Teton noch kein Nationalpark war, wurde der Jackson Lake, der größte See der Region, aufgestaut. Zwölf Meter unter seiner jetzigen Wasseroberfläche lag der ursprüngliche Seespiegel. Hinter dem Jackson Lake Dam, der den Snake River wieder freigibt, windet sich der großartige, tiefeingeschnittene Snake River noch weitere 43 Kilometer durch

Im 19. Jh. wurden zig Millionen Bisons bis auf wenige Tiere ausgerottet. Heute gibt's wieder über 100 000

den Park, durchfließt Jackson Hole, das malerische, breite Tal östlich der Teton Range. An den bewaldeten, feuchten Niederungen der Willow Flats und des Oxbow Bend halten sich besonders in der Dämmerung Elche auf, aber auch Biber, Hirsche und Kojoten schätzen die Flussufer westlich der Moran Junction. Über ihren Köpfen kreisen gelegentlich majestätische Weißkopfseeadler durch die Lüfte. Weiter im Süden des Parks fließt der Snake River durch karge Salbeiprärien, wobei Bäume nur noch auf einem Saum entlang der Flussufer und an den Berghängen wachsen.

Der Jackson Hole Highway zwischen Jackson Lake Junction und Moose Junction verläuft 37 Kilometer lang parallel zum Snake River. Südlich von Moran Junction präsentiert sich eine Bisonherde am Straßenrand fotogen vor dem Hintergrund des Mount Moran und der Tetons. Die Tiere dürfen auf eingezäunten Weiden innerhalb des Nationalparks grasen, da die ehemaligen Besitzer trotz Verkauf ihrer Grundstücke an den Nationalpark ihre Weiderechte behalten haben.

Ein hervorragendes Panorama bietet der Snake River Overlook, unter dem sich der Fluss in einer beeindruckenden S-Kurve entlangwindet. Kurz davor ergibt sich noch die Möglichkeit, auf einem steilen Weg direkt zum Ausgangspunkt der rasanten Wildwasser-Schlauchbootfahrten zu gelangen. Im weiteren Verlauf des Jackson Hole Highway erspähen wir vom Glacier View einige der wenigen Gletscher in der Teton Range. Obwohl die Bergkette knapp an 4200 Meter heranreicht, verzeichnet sie keine außergewöhnliche Vergletscherung. Am Blacktail Ponds Overlook thronen die Tetons über einem kleinen, verlandeten See, dessen Ursprung auf einstige Biberaktivitäten zurückzuführen ist. Eine Schautafel erklärt, wie die fleißigen Nager seinerzeit die Vegetation durch den Bau eines Staudamms grundlegend veränderten und was seither passierte.

Die historisch wirkenden Ranchgebäude inmitten der weiten, flachen Salbeisteppe an der Seitenstraße der Antelope Flats Road bilden einen äußerst malerischen Vordergrund zur grandiosen Teton Range und sind eines der besten Fotomotive des Parks. 1953 dienten sie als Kulisse für den berühmten Westernklassiker: «Mein großer Freund Shane» mit Alan Ladd.

Westlich des Snake River schlängelt sich die Teton Park Road am Fuße der Teton Range entlang. Sie beginnt in Moose Junction und endet nach 32 Kilometern an der Jackson Lake Junction. Mit dem Jackson Hole Highway lässt sie sich zur idealen Rundtour durch den Park verbinden.

Die aus dem Jahre 1925 stammende kleine Holzkapelle Chapel of the Transfiguration in Moose beeindruckt durch ihre Schlichtheit und die großartige Aussicht auf die Grand Tetons, die wie ein Bild durch das große Fenster hinter dem Altar eingerahmt werden.

Nahe der Kapelle befindet sich die aus den Anfängen der Jackson-Hole-Besiedlung stammende Menor's Ferry. Lange Zeit bot die kleine Fähre die einzige Möglichkeit, den wilden Snake River trockenes Fußes zu überqueren. Auf dem kurzen Naturlehrpfad besichtigen wir das noch original möblierte Haus des Fähren-Erbauers Bill Menor.

Waldbrände: nicht nur Katastrophe, sondern auch neue Lebensbasis

Auf einer Länge von fünf Kilometern durchquert der Taggart Lake Trail das Gebiet des Beaver Creek Fire, das wir so eindrucksvoll bereits von der Straße erkennen können. Kahl emporragende Stämme künden von dem großen Feuer, das hier 1985 eine große Fläche des Bergwaldes vernichtete. Von Blitzen entfachte Waldbrände fungieren jedoch von jeher als Teil des gesamten Ökosystems. Ihre zunächst zerstörenden Auswirkungen sind immer die Basis neuen Lebens, wie die aufblühende Vegetation entlang des Wanderwegs belegt. Alljährliche Sommerblumenwiesen und junge Bäume von schon beachtlicher Größe lassen erkennen, dass hier ein neuer gesunder Bergwald entsteht und in einigen Jahren die Auswirkungen des Waldbrandes vergessen sein werden.

Im klaren Wasser des Jenny Lake, dessen Ufer ein idealer Ausgangsort zu Wanderungen und Bergtouren ist, spiegeln sich die mächtigen Gipfel der Teton Range wider. Der beliebte Abstecher zum Jenny Lake wird oft mit einer Bootstour verbunden, mit der sich der populäre Weg um den südlichen Teil des Sees zum Inspiration Point und den Hidden Falls am Ausgang des Cascade Canyon auf 1,5 Kilometer abkürzen lässt. Vollständig durch ein von hohen Felswänden umgebenes gletschergeschliffenes Bergtal führt der Cascade Canyon Trail.

Am Ende der Teton Park Road lohnt die Fahrt auf der acht Kilometer langen Stichstraße zum Gipfel des Signal Mountain. Unterwegs verstellt der Wald an einigen Stellen die Sicht, auf dem Gipfelplateau jedoch eröffnet sich ein freies Panorama auf das Tal des Snake River, die umliegenden Bergketten und Prärien.

Kurzinformation:

Das Colter Bay Visitor Center befindet sich am Jackson Lake, das Moose Visitor Center in Jackson Hole.

Theodore Roosevelt National Park

Der Theodore Roosevelt National Park in den kargen westlichen Prärien North Dakotas besteht aus drei getrennten Arealen, dem Südteil (South Unit) bei Medora, dem 116 Kilometer davon entfernten Nordteil (North Unit) bei Watford City und der einsamen Elkhorn Ranch, die Theodore Roosevelt, der spätere Namensgeber des Parks und US-Präsident zur Jahrhundertwende, am Little Missouri River errichtete.

Den südlichen Parkteil beherrschen die «Badlands», karge, erosionsverwitterte Landstriche, in denen sich verschiedenfarbige Sandsteinschichten lagenweise übereinander türmen. Sie entstammen den Gesteinsablagerungen, welche die Flüsse aus den Rocky Mountains ostwärts trugen und auf den weiten Ebenen deponierten. Stellenweise treten auch von der Erosion zum Teil freigelegte Braunkohlevorkommen zutage, die aus dem eingelagerten Pflanzenmaterial entstanden waren. Über Jahrtausende hinweg wurden diese Kohlevorkommen immer wieder von Blitzen entzündet und backten dabei Sand- und Lehmschichten zu einem ziegelähnlichen Material zusammen. Dieses sehr erosionsresistente Gestein namens «Scoria» thront oft auf den Spitzen der bunten Sandsteintürmchen und -hügel, wo es die darunter liegenden weicheren Schichten vor Wind und Wetter schützt, während der Rest längst erodierte.

Die 58 Kilometer lange Rundstraße durch die South Unit wirkt morgens oder am späten Nachmittag am schönsten, wenn die grauen, blauen, braunen und rötlichen Gesteine intensivere Farben annehmen und sich dank der langsam abnehmenden Tageshitze weit mehr Tiere sehen lassen. Zum beeindruckenden Panorama über das malerische Gewirr der Sandsteincanyons am Paddock Creek führt der North Dakota Badlands Overlook.

Der Rundblick am Buck Hill (870 Meter) verdeutlicht die gravierende Wirkung der vorherrschenden Wetterrichtung auf die Vegetation. Auf der feuchteren, kühleren Nordseite der Hügel gedeiht auffallend mehr Pflanzenbe-

wuchs als auf den sonnendurchglühten Südhängen.
Zu Fuß vertiefen wir unsere Eindrücke dieses ungewöhnlichen Landes. Auf einem Kilometer Länge informiert der Ridgeline Nature Trail über Geologie und Ökologie der Region und insbesondere über die wichtige Rolle von Feuer, Wind und Regen bei der Schaffung der Badlands.
Entsprechendes gilt für den Coal Vein Trail (1,5 Kilometer), der sich mit den Folgen eines 26 Jahre andauernden Kohlenbrandes befasst, der bis 1977 mit erheblichen Auswirkungen auf die Umgebung aktiv war und eine gut ausgeprägte Scoria hinterließ. Mit knapp sechs Kilometern Gesamtlänge zählt der Jones Creek Trail, der die Badlands entlang des ausgetrockneten gleichnamigen Baches durchquert, zu den längeren Wanderwegen. In der Nähe des Skyline Vista ist eine größere Herde Bisons zu Hause. Die direkten Nachbarn der Büffel sind zahlreiche flink umherflitzende Präriehunde (Prairie Dogs), Nagetiere aus der Familie der Hörnchen, deren Kolonien sich weitläufig unterirdisch erstrecken.

Dakota-Indianer, nach denen North und South Dakota benannt sind

Sowohl die Aktivitäten der großen als auch der kleinen Badlands-Bewohner können wir hervorragend von der Skyline Vista aus beobachten. Präriehunde lieben das offene, baumlose Land, sie sind auf eine ungehinderte Sicht angewiesen, um herannahende Gefahren rechtzeitig zu erkennen. In dieser Hinsicht bewährt sich die freundliche Nachbarschaftshilfe der Bisons, die durch ihre ständige Beweidung die dauerhafte Ausbreitung einer Buschvegetation verhindern.
Auf rund 24 Kilometern führt die Rundstrecke durch die North Unit vom Parkeingang bis zum Oxbow Overlook an mehreren Aussichtspunkten vorbei, von denen jeder einzelne auf die versteckten Besonderheiten dieses so desolat erscheinenden Landstriches eingeht. Zwischen Parkeingang und Campingplatz halten sich häufig langhornige Rinder auf, ähnlich jenen, die Theodore Roosevelt und seine Zeitgenossen im späten 19. Jahrhundert auf den Ranches der Umgebung hielten. Als man Roosevelt 1901, im Jahr seiner Ernennung zum Präsidenten, nach seinen nachhaltigsten Lebenserfahrungen fragte, gab er sich von der kargen Szenerie North Dakotas so beeindruckt, dass er verlauten ließ: «Ich wäre niemals Präsident geworden, wären da nicht meine Erfahrungen in North Dakota gewesen.»

Kurzinformation:

Das erste «Visitor Center» des Theodore Roosevelt National Park befindet sich bei Medora am Eingang des South Unit, das zweite an der Interstate 94 an der Südostecke des Südteils. Ein weiteres «Visitor Center» liegt beim Eingang des North Unit.

Wind Cave National Park

Der Wind Cave National Park im südwestlichen South Dakota schützt das sechstlängste Höhlenystem der Welt. Seine felsigen Wände und Decken dekorieren einzigartige, honigartig gemusterte Kalzitablagerungen von eigentümlichem Reiz. Tropfsteinformationen wie Stalagmiten und Stalaktiten dagegen, woanders reich vertreten, sind im Wind Cave National Park eher rar. 1881 entdeckten Forscher innerhalb weitläufiger Kalksteinschichten diese unterirdische Wunderwelt, die bereits 22 Jahre später zum Nationalpark erklärt wurde.
Wechselweise aus oder in die Höhle wehende Winde, deren Ursache in ständig ändernden Luftdruckverhältnissen liegt, waren für Entdeckung und Namensgebung der Höhle verantwortlich. So stark wehte der Wind 1881, dass er den Hut von Jesse Bingham vom Kopf fegte, der so zusammen mit seinem Bruder Tom zufällig zum Entdecker des Höhleneingangs wurde. An diesem Höhleneingang wurden später Windgeschwindigkeiten von 80 Stundenkilometern gemessen.
Ein moderner Aufzug bringt uns fast geräuschlos in die geheimnisvollen Tiefen hinab. Während einer Stunde folgen wir der «Garden of Eden Tour» über ebene, asphaltierte Wege in die faszinierende Unterwelt der Höhle. Die ebenfalls gut ausgebauten Wege der anderthalbstündigen «Fairgrounds Tour» schließen in ihrem unablässigen Auf und Ab zahlreiche Treppenstufen ein. Mit ein bisschen zusätzlicher Abenteueratmosphäre erfolgt bei schummerigem Kerzenlicht die zweistündige «Candlelight Tour». Und während der vierstündigen «Spelunking Tour» fühlen wir uns wie die ersten Erforscher gar vom Höhlenfieber gepackt, als es heißt, durch einige engere Gänge mit feuchten Wänden zu kriechen, und wir, den kühlen Felsboden ertastend, den Blick angestrengt ins Halbdunkel richten. Für alle Touren wird eine Jacke benötigt, da in der Wind Cave das ganze Jahr hindurch eine konstante Temperatur von nur 12° Celsius herrscht.
Im oberirdischen Areal des Wind Cave National Park, einer ausgedehnten Graslandschaft mit kiefernbestandenen Hügeln, leben heute wieder rund 350 Prärie-Bisons, die hier nach ihrer Beinahe-Ausrottung gegen Ende des letzten Jahrhunderts bereits 1913 wieder erfolgreich angesiedelt wurden. Bei einer Parkdurchquerung bestehen insbesondere in den Stunden vor der Dämmerung sehr gute Chancen, diese urweltlich anmutenden Tiere zu beobachten. Für Kurzweil sorgen auch die pelzigen Bewohner der Prairie-Dog-Kolonien. Als kurzer Fußmarsch zwischendurch bietet sich die zwei Kilometer lange Wanderung zum Feuerwachtturm auf der Rankin Ridge an, dem höchsten Punkt im Park.
Kurzinformation:
Das «Visitor Center» des Wind Cave National Park befindet sich abseits des Highway 385 im südwestlichen Parkteil.

Badlands National Park

Im Badlands National Park im südwestlichen South Dakota verbinden sich schroffe Hügel aus verschiedenfarbigen Sandsteinschichten und zerklüftete Canyons mit einer noch ursprünglich erhaltenen, karg und abweisend wirkenden Prärielandschaft von grandioser Einsamkeit. In unablässigem Zusammenspiel haben die Erosionskräfte von Wind und Wasser sowie die drastischen Temperaturunterschiede zwischen den heißen Sommern und sehr kalten Wintern in dem einsamen Gebiet zwischen White River und Cheyenne River ein

Aufsehen erregendes Labyrinth aus tiefen Schluchten, scharfen Graten und spitzen Türmchen geschaffen.

Im Erdzeitalter des Oligozän, zu dessen Beginn das von Flüssen durchzogene Land sumpfig und das Wetter feuchtwarm war, setzten sich vor 23 bis 37 Millionen Jahren die Sandsteinschichten als Sedimente ab. Klimaveränderungen machten sich daran, das Landschaftsbild drastisch umzuwandeln. Gegen Ende dieser Epoche schleuderten erwachte Vulkane große Mengen Asche in die Atmosphäre, die heute den Hügeln als weiße Ablagerungsschichten einen zusätzlichen Farbtupfer verleihen. Mit abnehmenden Regenmengen verbreitete sich dürreresistentes Präriegras in den entwässerten Sümpfen und Wäldern.

Indianer nannten das verkarstete Land «mako sica» («Land schlecht»), und Mitte des 18. Jahrhunderts gaben französisch-kanadische Trapper der Region den Namen «les mauvaises terres à traverser», «schlechtes Land zum Durchqueren», das als «badlands» erhalten blieb und als Synonym für die unwirtlichen, ausgedörrten Sandsteinlandschaften in den Prärien Nordamerikas gilt.

Präriehunde können zwar bellen, sind jedoch keine Hunde, sondern winterschlafende Erdhörnchen

Noch immer bleibt das Wasser der beherrschende, sogar der Leben spendende Faktor der Badlands. Jegliches Leben versammelt sich rings um die Wasserquellen. Dort bieten die wenigen Bäume nicht nur der erstaunlich vielfältigen Vogelwelt Schutz, sondern auch zahlreichen anderen Tieren einen schattigen Platz zur Mittagsrast.

Highway 240, die Rundfahrtstrecke durch die Badlands, bietet direkten Zugang zu allen Sehenswürdigkeiten des Nationalparks. Auf der westlichen Straßenhälfte begeistern neun Aussichtspunkte mit hervorragendem Panorama auf die vielfältigen Sandsteinformationen. Einen fabelhaften, weiten Überblick auf die Badlands genießt man am Big Badlands Overlook am östlichen Parkausgang. Unterschiedliche Wetterlagen schaffen vollkommen andersartige Impressionen: ist der Himmel blau, erstrahlen die Gesteine und treten die einzelnen Schichten besser hervor, bei bedecktem Himmel überzieht ein melancholischer Grauschleier das Land.

In der abgelegenen South Unit des Nationalparks eröffnet das bis zu 1000 Meter hohe Gipfelplateau des Sheep Mountain Table eine besonders herrliche Rundsicht. Allerdings wird die elf Kilometer lange geschotterte Zufahrt ab dem Abzweig vom Highway 589 bei Regen unpassierbar.

Die östliche Park Loop Road bietet im Bereich des Cedar Pass, dem touristischen Anlaufpunkt des Parks mit Parkinformation, Hotel und Campingplatz, Zugang zu zahlreichen kurzen Wanderwegen in die Badlands. Auf dem Door Trail (1,25 Kilometer) wandern wir bis zur «Tür», einer natürlichen Felsöffnung. Der Notch Trail (zwei Kilometer) führt uns durch einen schmalen Canyon und der Saddle Pass Trail (2,5 Kilometer) durch die Badlands hinaus in die Prärie. An dem nur einen halben

Kilometer langen Naturlehrpfad Fossil Exhibit Trail finden regelmäßig Vorträge über die urweltlichen Knochenfunde und die Archäologie im Park statt. Ranger erläutern, wie Wissenschaftler aus Fossilienfunden Rückschlüsse auf Vegetation und Tierwelt des Oligozän ziehen.
In den Badlands wurden mit Erfolg Bisons wieder angesiedelt, die Herde im Park zählt mittlerweile rund 500 Tiere. Mit Vorliebe halten die Büffel sich im Sage Creek Valley auf, wo man sie entlang des Highways 590 zwischen Roberts Prairie Dog Town und Quinn Table gut beobachten kann. Wie auch im Wind Cave oder Theodore Roosevelt National Park leben in den Badlands die Bisons in friedlicher Gemeinschaft mit den Nagetierkolonien der Präriehunde.
Kurzinformation:
Das Cedar Pass Visitor Center ist im östlichen Parkbereich, nahe der Interstate 90, beheimatet.

Indianische Prärie-Erdbehausungen wurden auch von weißen Amerikanern benutzt

Rocky Mountain National Park

Der Rocky Mountain National Park im Norden Colorados umschließt die beeindruckende Bergwelt der Rocky Mountain Front Range, der vordersten Bergkette der Rocky Mountains. Gipfel bis 4345 Meter Höhe und karge Hochplateaus wechseln einander ab mit klaren Seen und den weitläufigen baumbestandenen Wiesenflächen tieferer Regionen, die immerhin noch über 2400 Meter liegen. Quer durch alle Vegetationsstufen verläuft die Trail Ridge Road über das Dach der Rocky Mountains. Die «Continental Divide», die kontinentale Wasserscheide zwischen Atlantik und Pazifik, teilt den Park in einen touristisch attraktiveren Ostteil mit von Gletschern geschaffenen vielfältigen Landschaftsformen mit steilen Abbrüchen und rauhen Canyons und den weniger spektakulären Westteil mit dem Quellgebiet des berühmten Colorado River. Trotz der immensen Höhenlage verzeichnet der Nationalpark nur noch kleine versprenkelte Überreste der einstmals zahlreich vertretenen Gletscher.
Die 1932 gebaute, durchgängig asphaltierte Trail Ridge Road durchquert den Park auf 70 Kilometern Fahrtstrecke in Ost-West-Richtung vom Parkeingang bei Estes Park bis hinunter an den North Fork of the Colorado River. Am High Point erreicht die Straße 3713 Meter, eine der höchsten durchgehend asphaltierten Passstraßen der USA. Dank der hervorragenden Aussichtspunkte gilt sie auch als eine der schönsten ihrer Art.
Auf der Ostseite des Parks windet sich die Trail Ridge Road in Serpentinen stetig aufwärts. Bald lässt sie die grünen saftigen Wiesen, wo ein vielköpfiges Rudel Hirsche grast, und den Wald hinter sich. Auf steinigen Hängen gedeiht nur noch ein niedriger Wald mit spärlichem Krummholz-Bewuchs, kleinen windschiefen Baumgruppen, die mehr Gebüschen ähneln als Bäumen, dennoch aber hunderte von Jahren alt sind.
Etwa ein Drittel des Parks liegt oberhalb der Baumgrenze. In diesen ausgesetzten, von eisigen Winden umwehten Höhen dominiert die

Tundra mit Pflanzenarten, die sonst nur noch in der Arktis existieren.
Trotz der großen Schneemengen des Winters, die sich bis in den Frühsommer hinein halten, gibt es an diesem Julitag selbst am High Point keinen Schnee mehr. Kurz unterhalb des höchsten Punktes zieht sich der beeindruckende Tundra Nature Trail durch die kargen und dem Wind ausgesetzten Tundrawiesen des Hochplateaus. An seinem Endpunkt ragen seltsam verdrehte, pilzförmige Türmchen aus dunklem und hellem Gestein empor: die «Hoodoos». Ihr Gestein ist von unterschiedlicher Beschaffenheit, wobei das härteste Material obenauf sitzt und wie eine Art dunkle Kappe die darunter liegenden Schichten schützt.

West-Amerikas mächtigster Fluss als jungfräuliches Bächlein

Das ausgesetzt in der luftigen Hohe von knapp 3600 Metern liegende Alpine Visitor Center bietet ein gutes Panorama in alle Richtungen. In der Ferne beobachten wir weiße Bergziegen, die auf den weiten Bergwiesen zwischen den Schneefeldern grasen. Von den nach Westen hinabführenden Kehren überschaut man im Kawuneeche-Tal das Quellgebiet des Colorado River. Der mächtigste, aber gleichwohl vielfach aufgestaute und gezähmte Fluss im Westen der USA, ist hier im Nationalpark noch ein jungfräulich klarer, ungebändigt frischer Bach. Nach Beendigung der Schneeschmelze ist der Colorado River gerade mal knöcheltief. Am Colorado River beginnt der zwölf Kilometer lange Wanderweg zu den Überresten der einstigen Goldgräbersiedlung Lulu City.
Auch für Autotouristen gibt es eine Alternative zur stark frequentierten Passstraße. Seit 1920 besteht die Old Fall River Road in ihrer ursprünglichen Form als enge und kurvige, aber dennoch gut befahrbare Schotterstraße, die heute noch die beschwerlichen Anfangszeiten des Autoverkehrs nachempfinden lässt. Sie führt als Einbahnstraße vom Horseshoe Park westlich der Fall River Entrance Station bis zum Alpine Visitor Center am Fall River Pass. Gleich am Anfang der Old Fall River Road erinnert eine Geröllhalde an einen Unglücksfall. Am Morgen des 15. Juli 1982 brach weit oben der von frühen Siedlern konstruierte 79 Jahre alte Damm des Lawn Lake und ließ mit den Wassermassen Geröll, Felsblöcke und entwurzelte Bäume den Roaring River hinunterrauschen. An ihrem Mündungspunkt im Endovalley begrub die angeschwemmte, fächerförmige Schuttlawine (Alluvial Fan) die Endovalley Road über 13 Meter tief unter sich. An der Bear Lake Road lockt uns eine Reihe von Wanderwegen in die beeindruckende Umgebung.
Auf dem nur einen Kilometer langen Rundweg um den Sprague Lake warten herrliche Bilder eines tiefblauen Sees mit prachtvollen Bergspiegelungen auf uns. Mit ebenfalls schönem Panorama genießen wir am Ende der Straße die Umrundung des auf fast 2900 Meter Höhe gelegenen Bear Lake. Einen dritten See, den Bierstadt Lake, erreichen wir über einen kurzen serpentinenreichen Anstieg. Auch untereinander sind die drei Seen über Wanderwege verbunden. Als Ziel eines 13 Kilometer langen Höhenweges ab Longs Peak Campground ragt im Südosten der Longs Peak empor. Den höchsten Berg des Parks hatten 1868 John Wesley Powell und der Herausgeber der lokalen Zeitung «The Rocky Mountain News» als erste Weiße erstiegen.
Kurzinformation:
Ein «Visitor Center» befindet sich in Estes Park, das Lily Lake Visitor Center an der SR 7, südlich der Stadt. Das Alpine Visitor Center liegt direkt an der Trail Ridge Road, das Kawuneeche Visitor Center am Westeingang des Parks.

Nationalparks im Westen

North Cascades National Park

Die großartige Bergwildnis im North Cascades National Park mit ihren vergletscherten und auch im Sommer schneebedeckten Bergen, ungezähmten Flüssen und tief eingefurchten Tälern, befindet sich nur knapp 100 Kilometer Luftlinie von der Millionenmetropole Seattle im Nordwesten des Bundesstaates Washington entfernt. Die oft mit den europäischen Alpen verglichene Szenerie des nördlichsten Nationalparks in der Cascade Range zählt über 300 Gletscher, die Hälfte aller US-amerikanischen Gletscher außerhalb Alaskas.

1859 versuchte ein Topograph die undurchdringlich erscheinenden Berge mit folgenden Worten zu beschreiben: «Nirgendwo sonst präsentieren Bergmassive und -gipfel so fremdartige, phantastische, unerschrockene und erschreckende Silhouetten wie hier.» Menschliche Besiedlung war daher im unwirtlichen North Cascades National Park nie von größerer Dauer und Bedeutung. Sowohl die Indianer als auch die Weißen hinterließen während ihrer vornehmlichen Sommeraufenthalte keine bedeutsamen Spuren. Wer noch heute das Abenteuer sucht, marschiert auf einer mehrtägigen Wanderung in das unerschlossene Hinterland, in dem Einsamkeit und Wildnis das Sagen haben.

Perfekt lässt sich die alpine Umgebung am schönen North Cascades Highway (SR 20) genießen. Die Straße führt verwaltungstechnisch durch die Ross Lake National Recreation Area und teilt den Nationalpark in einen Nord- und einen Südabschnitt. In dem 47 Kilometer langen Korridor wurde der Skagit River zwischen 1924 und 1961 zu den Seen Gorge Lake, Diablo Lake und Ross Lake aufgestaut, deren Wasserkraftwerke Energie für den Großraum Seattle gewinnen. Später dann hat man die Seen zu Freizeitrevieren ausgebaut. Ihr kaltes Wasser lädt zwar nicht unbedingt zum Schwimmen, aber zum Angeln und Bootfahren ein. Auf informativen Führungen durch die Einrichtungen an Diablo Lake und Ross Lake gewährt die «Seattle City Light Company» Besuchern einen interessanten Einblick in ihre Kraftwerkprojekte.

Der North Cascades Highway folgt zunächst dem Verlauf des wilden Skagit River, auf dessen Stromschnellen wir viele Schlauchboot- und Kajakfahrer flussabwärts sausen sehen. Die meisten «Raft Trips» starten am Goodell Creek Campground. Eine Ansicht des hohen Gorge Creek Fall, der sich schwungvoll in eine tiefe Schlucht ergießt, bietet sich nahe des Staudamms am Gorge Lake. Im Kraftwerkort Diablo folgen wir dem Abzweig zum Diablo Lake Resort, einem umfangreichen Resortkomplex mit der für einen funktionierenden Besucherverkehr nötigen Infrastruktur. Von hier aus kann man entlang des Sees zu Ross Dam und Ross Lake Resort wandern.

Als Höhepunkt der Panoramastrecke gilt der Diablo Lake Overlook, der einen faszinierenden Überblick über den matt schimmernden, smaragdgrünen Diablo Lake bietet. Die milchige Tönung des Sees resultiert aus den winzigen Gesteinspartikeln, welche die Zuflüsse aus den Gletschern mit sich reißen und in den See spülen. Tiefgrüne Nadelwälder ziehen sich entlang der Flanken der schneebedeckten Berge

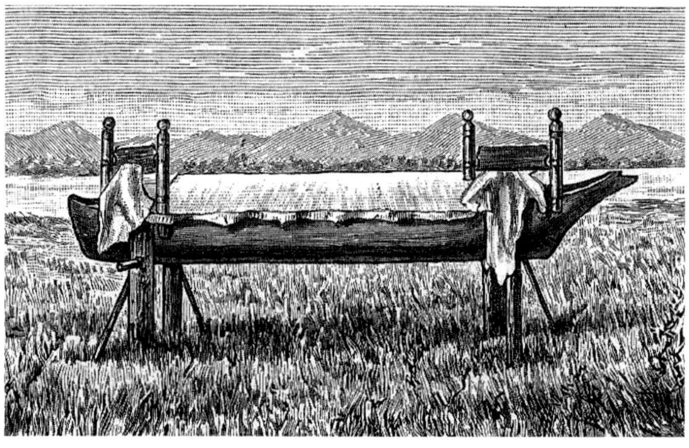

Bootsgrab der Twana-Ureinwohner im Gebiet des heutigen Staates Washington

und reichen bis hinunter an die gewundenen Uferlinien des Sees. Einzelne, an steilen Hängen dem Wind ausgesetzte große Bäume trotzen seit Jahrhunderten den Unbilden der langen, kalten Winter und der kurzen Sommer.
Vom hoch gelegenen Ross Lake Overlook streift der Blick weit über den langen, schmalen Ross Lake, den größten der Stauseen. An seiner breitesten Stelle misst er nur drei Kilometer, dafür zieht sich der Stausee für unsere Augen unsichtbar über 40 Kilometer durch die Bergeinsamkeit bis über die kanadische Grenze im Norden hinaus. Betörend ist die über dem Bergsee liegende Stille.
Zwei schöne Wanderwege erschließen ein Stückchen der weiten Natur. Einen knappen halben Kilometer vor dem Ross Lake startet der Happy Creek Forest Walk, ein Holzsteg durch einen dichten, uralten Baumbestand, wie man ihn selbst im waldreichen pazifischen Nordwesten nur noch selten findet. Entlang des wildromantischen Ruby Creek, eines Zuflusses des Ross Lake, führt der East Bank Trail durch wunderschönen ursprünglichen Wald.
Etwas außerhalb des Nationalparks folgt der North Cascades Highway dem Granite Creek flussaufwärts und erreicht am Washington Pass (1669 Meter) seinen höchsten Punkt, mit attraktivem Panorama auf Liberty Bell Mountain und die anderen Berge der Cascade Range.
Kurzinformation:
Das North Cascades National Park Visitor Center befindet sich in Newhalem.

Olympic National Park

Der Olympic National Park besteht aus einer einzigartigen Komposition aus ausgedehnten Regenwäldern, wilden Küsten und vergletscherten Gebirgen. Er liegt auf der Olympic-Halbinsel im Nordwesten des Bundesstaates Washington, vom Großraum Seattle durch den Puget Sound abgetrennt, der beim Schmelzen der letzten Eiszeitgletscher entstanden ist.
An der Pazifikküste des nördlichen Washington erstreckt sich das regenreichste Gebiet der USA außerhalb von Alaska und Hawaii. Bei den vorherrschenden moderaten Temperaturen erlaubt der Regen das Wachstum üppiger Regenwälder am Fuße der Coast Range. Die engen, oft nebeligen Flusstäler von Quinault, Queets und Hoh Rain Forest öffnen sich zum Meer hin und lassen die Feuchtigkeit weit ins Landesinnere hinein.
Entlang des schnell strömenden Hoh River fahren wir direkt in das grüne Herz des Hoh Rain Forest, einem ursprünglichen Wald am oberen Flusslauf. Einfach paradiesisch wirkt der Hall of Mosses Trail, der sich einen Kilometer durch den dichten Wald schlängelt. Farne, Moose und eine Vielzahl Feuchtigkeit liebende Pflanzen verbergen sich unter dem schattigen Dach des Regenwaldes, durch das die Sonnenstrahlen nur mit verminderter Kraft eindringen. Interessant ist das Phänomen der Ammenbäume, umgestürzter, verfallender Stämme, auf denen hübsch aufgereiht, die nächste Baumgeneration heranwächst. Wenn später der Ammenbaum allmählich verrottet, stehen die Jungbäume auf merkwürdig hohen Stelzwurzeln.
Faszinierende Strände entlang der Pazifikküste sind das zweite prägnante Merkmal des Parks. Kaltes Meereswasser und donnernde Brandung machen das Schwimmen gefährlich, Strandwanderungen an Kalaloch, Ruby, Rialto Beach und den übrigen insgesamt 92 Küstenkilometern gehören zum Schönsten, was man im Park unternehmen kann. In ihrer ungebeugten Wildheit wirken die weitläufigen, bald unendlich lang erscheinenden, mit Treibholz übersäten Strände auf den stressgeplagten Städter belebend, aufregend und beruhigend

zugleich. Auf dem wildromantischen, nebelumwehten Ruby Beach wandern wir etliche Kilometer weit. Unterhalb steiler Klippen liegt angeschwemmtes Treibholz, bleichen von den Klippen gestürzte Stämme mit breitgefächertem Wurzelwerk vor sich hin. Oft tragen die Fluten der angeschwollenen Wildflüsse sie aus dem Landesinneren ins Meer, wo sie von der Brandung wieder an Land geworfen werden.
Muscheln, glatt polierte Kieselsteine und Holzstücke, Bojen – die Vielfalt des Treibgutes ist unglaublich und macht das «Beach Combing» zum besonderen Vergnügen. Fein gezeichnete Muscheln, schnelle Krebse und bunte Seeanemonen, die in den von der Brandung überspülten Gezeitentümpeln ein sicheres Auskommen finden, lassen sich bei Ebbe gut beobachten. Ungestört lassen wir sie ihrem Lebenswerk nachgehen, Schwarzbären dagegen schätzen sie als bequeme Futterquelle. Auf den Wind und Wetter ausgesetzten Steilfelsen nisten Seevögel, die mit den Böen kreischend über die Brandung fliegen. Trotz der lockenden Weiten müssen wir rechtzeitig an die hereinkommende Flut und an den Rückweg denken.
Als landschaftlicher Kontrast setzt sich die rauhe, hochalpine Gebirgsszenerie im Inneren der Halbinsel ab und schafft einen drastischen Übergang von der Küste zum Hochgebirge, der dritten bedeutenden Landschaftsform der Olympic-Halbinsel. In seiner Exponiertheit stellt das vollkommen rund geformte und «zusammengeknautscht» wirkende Gebirge eine Barriere für die schweren Regenwolken dar, die sich hier abregnen und für genug Eis und Schnee sorgen, die rund 60 Gletscher speisen. In seinem Mittelpunkt ragt der 2428 Meter hohe, vergletscherte Mount Olympus empor. Als Captain John Meares der «British Royal Navy» 1788 die Küste Washingtons entlangsegelte, trug er folgendes in sein Logbuch ein: «Wenn dieser nicht die Heimat der Götter ist, wäre er auf jeden Fall schön genug dazu, darum nenne ich diesen Berg Mount Olympus.» 27 Kilometer weit führt die Hurricane Ridge Road von der Küste bei Port Angeles im Norden der Olympic-Halbinsel ins Gebirge hinein. Auf 1600 Meter Meereshöhe genießen wir phantastische Blicke auf die Juan de Fuca Strait bis hinüber zur kanadischen Vancouver Island. Wanderwege erschließen die reizvolle Umgebung von Hurrican Ridge mit ihren blühenden subalpinen Wiesen sowie das Hinterland. Eine kleine Straße führt zum 1965 Meter hohen Obstruction Peak und seinem faszinierenden Blick auf Mount Olympus.
Kurzinformation:
Die Parkinformationen befinden sich im Hoh Rain Forest und in Port Angeles.

Mount Rainier National Park

Wie ein Fabelwesen in den Wolken schwebt die isolierte, wohlgeformte Kuppe des schnee- und eisbedeckten Mount Rainier über dem

Ureinwohnerstämme in Nordwestamerika begruben ihre Toten in solchen Totenhäusern

Gipfel mit 26 Gletschern

Der Spiegelbildsee heisst nicht umsonst so

Bergland des pazifischen Nordwestens. Kein anderer Berg verstellt ihm die Sicht, aus allen Richtungen lässt sich der Gipfel ausmachen, sogar der Metropole Seattle verleiht er einen majestätischen Hintergrund. Mit 4392 Metern ist Mount Rainier der fünfthöchste Berg der 48 zusammenhängenden US-Bundesstaaten, der höchste in der Cascade Range. Auf seinem Haupt akkumuliert sich der Schneefall und liefert ständig Nachschub für die 26 sternförmig um den Gipfel angeordneten Gletscher.

Mount Rainier ist ein Schichtvulkan, von Feuer und Wasser geboren, in Jahrtausenden durch wiederholte Eruptionen und sukzessive Lavaflüsse angewachsen, von Wind- und Wassererosion bis auf den heutigen Tag kontinuierlich bearbeitet, von der Urkraft der Gletscher glatt geschliffen. Mit seinen eine Million Jahren verzeichnet er ein vergleichsweise geringes Alter, im Gegensatz zur Cascade Range, die rund zwölf Millionen Jahre auf ihrem zerklüfteten Buckel hat. Er gehört zur Vulkankette zwischen dem kalifornischen Lassen Peak und dem kanadischen Mount Garibaldi, die Teil des vulkanischen «Ring of Fire» rings um den Pazifik sind. Über 150 Jahre liegt seine letzte Eruption zurück. Über aller Schönheit vergessen Betrachter oft, dass die schlafenden Vulkane der Cascade Range jederzeit, wie Lassen Peak vor über 80 Jahren und Mount St. Helens erst 1980 bewiesen, in all ihrer angestauten Energie eruptieren können.

Mount Rainier regiert über ein Reich tiefgrüner Wälder, Gletscher, Seen, Bäche und Wasserfälle an seinen steilen Flanken. In den kurzen Sommern bezaubern subalpine Wildblumenteppiche und durch die Schneeschmelze angeschwollene Bachläufe. Von jeher sorgt die fruchtbare Asche für ein üppiges Pflanzenwachstum.

Die Parkstraßen verlaufen auf der Süd- und der Ostseite des Berges. Von Südwesten entlang des Nisqually River gelangen wir nach Longmire, dem ältesten touristisch erschlossenen Gebiet der Region mit Geschichtsmuseum, Hotel, Restaurant und Parkinformation. Hier hatte der einheimische Farmer James Longmire 1884 das «Mineral Spring Resort» eröffnet, in das nach der Gründung des Nationalparks im ausgehenden 19. Jahrhundert die Parkverwaltung einzog.

Während wir durch die Übergangszone des Waldes in die alpine Baumlosigkeit Richtung Paradise fahren, ragt über allem der mächtige Mount Rainier empor. Wolkenfetzen treiben an seinen Flanken vorbei, eine Wolkenkappe bedeckt den oberen Gipfelbereich, ab und zu kommen blauer Himmel, dunkler Fels und weiße Schneeflecken zum Vorschein. In wolkenreichen Regionen wie dieser erscheint die Parkinformation als idealer Aufenthaltsort, selbst Anfang Juli liegt auf Teilen der weiten subalpinen Wiesenflächen noch Altschnee.

Ist diese einzigartige hochalpine Welt wohl das Paradies?

Als seinerzeit James Longmires Frau die Wiesen das erste Mal in voller Sommerblüte sah, rief sie wohl aus: «Das ist ja wie im Paradies!» Mit einsetzendem Sonnenschein unternehmen wir eine Wanderung zum Alta Vista. Über eine Distanz von 2,5 Kilometern führt der Rundwanderweg durch eine einzigartige hochalpine Welt, in ständiger Nachbarschaft des Nisqually-Gletschers, der uns fast zum Greifen nahe erscheint. Ab Paradise verläuft die Parkstraße weiter durch eine prächtige Wald- und Berglandschaft, vorbei an den durch uralte Schlammlawinen aufgestauten glasklaren und eiskalten Reflection Lakes, deren glatte Wasseroberflächen ein wunderschönes Spiegelbild des Mount Rainier wiedergeben. Entlang des rauschenden Steven Creek fahren wir durch den gleichnamigen Canyon und nur wenig später durch den nur fünf bis zehn Meter breiten, aber 35 Meter tiefen Box Canyon des Cowlitz River.

Die tieferen Regionen um Mount Rainier werden von ausgedehnten Wäldern bedeckt, deren Krönung Grove of the Patriarchs nahe des Stevens Canyon Entrance darstellt. Ein 2,5 Kilometer langer Weg windet sich durch dichte Bestände von Rot-Zedern, Douglas- und Hemlocktannen. Bis zu 1000 Jahre alt sind die bis in den Himmel wachsenden Baumveteranen, bis 80 Meter messen die höchsten unter ihnen.

Sunrise auf der Ostseite des Mount Rainier ist mit 1950 Metern der höchste Punkt des Parks und einer der besten Aussichtspunkte auf den Berg, den man mit dem Auto erreichen kann. Serpentinenreich arbeitet sich die Höhenstraße aufwärts, begleitet von beeindruckenden Panoramen wilder Berge und Täler. Atemberaubend nah erscheint uns das blendende Weiß des mächtigen Emmons-Gletschers, des mit 1,5 Kilometer Breite und 6,5 Kilometer Länge größten Gletschers auf dem Mount Rainier. Da sich Sunrise im Regenschatten der Berge befindet, ist es hier weit trockener als in Paradise. Ein «Elk» blickt zu uns herüber, der große Hirsch steht vor einem Picknicktisch, als warte er auf geladene Gäste, die im Schnee Platz nehmen möchten. Wir halten respektvoll Abstand, die größten Tiere erreichen ein Gewicht von bis zu 350 Kilogramm.

Mit rund 500 Kilometer Weg ist Mount Rainier National Park ein populäres Wanderziel. Neben leicht zugänglichen Kurzwanderwegen streben viele Pfade gleich ins menschenleere, hochalpine Hinterland. Der Wonderland Trail umkreist das ganze Bergmassiv, bietet neben einem unaufhörlichen Auf und Ab auch wundervolle Bergblicke von allen Seiten und in vielen wetter- und tageszeitbedingten Stimmungen. Selbst ambitionierte Wanderer kämpfen auf dem 150 Kilometer langen Rundweg gegen das eigenständige Hochgebirgsklima. Auch wenn im tiefer gelegenen Umland die Sonne scheint, stauen sich am Berghang Regen und Nebel.

Kurzinformation:

In Paradise befindet sich das Henry M. Jackson Memorial Visitor Center, am Südeingang des Parks das Ohanapecosh Visitor Center, in Sunrise das Sunrise Visitor Center.

Crater Lake National Park

Mitten in der Cascade Range im Südwesten Oregons schlägt das Herz des Crater Lake National Park mit dem tiefsten See (589 Meter) der USA. Der faszinierende Crater Lake schimmert in einem unbeschreiblich intensiven Blau, das sich bei strahlendem Sonnenschein noch verstärkt. Im Vergleich zu diesem einzigartigen Bild wirkt die Umgebung aus gerundeten Hügeln, ebenmäßigen Vulkanen und tiefen Nadelwäldern eher unspektakulär.

Mit Macht und überschäumender Kraftentfaltung baute sich der Vulkan Mount Mazama während seiner sporadischen Eruptionsphasen bis zu einer Höhe von rund 3600 Metern auf. Etwa eine halbe Million Jahre lang ließ er gelegentlich seine Muskeln spielen. An seinen steilen Flanken bildeten sich kleinere Vulkankegel, die heute als friedliche, aber potentiell aktive Vulkane The Watchman, Hillman Peak und Mount Scott das Landschaftsbild bestimmen.

Mount Mazama stellte seine ungeheuren Energiereserven vor rund 7700 Jahren zur Schau, als eine Eruption von unglaublicher Wucht, etwa 42-mal stärker als jene des Mount St. Helens im Jahre 1980, seinen Gipfel in die Luft schleuderte. Spuren dieser Eruption sind

Textfortsetzung Seite 129

Bristle Cone Pines mit dem Mount Wheeler im Great Basin National Park, Nevada

nächste Doppelseite: *Toraweap Overlook mit dem Colorado River im Grand Canyon National Park, Arizona*

übernächste Doppelseite: *Grand View Point am Südrand des Grand Canyon National Park*

darauf folgende Doppelseite: *Szenerie im Salt Creek Valley. Canyonlands National Park, Utah*

Cape Royal im Grand Canyon National Park, Arizona

Versteinerte Sanddünen im Zion National Park, Utah

nächste Doppelseite: *Hickman Bridge im Capitol Reef National Park, Utah*

übernächste Doppelseite: *Konstellation von Fels und Pflanzen, die jeder und jedem eigene Interpretationen offen lässt. Arches National Park, Utah*

darauf folgende Doppelseite: *Mesa Arch mit «Washer Woman»-Felsformation. Canyonlands National Park, Utah*

Checker-
board Mesa
im Zion
National
Park, Utah

Kolob Plateau im Zion National Park

nächste Doppelseite: *Herbst im Capitol Reef National Park, Utah*

übernächste Doppelseite: *Eine Landschaftsstudie aus dem Bryce Canyon National Park, Utah*

darauf folgende Doppelseite: *Green River Overlook im Canyonlands National Park, Utah*

Molar Rock und Angel's Arch im Canyonlands National Park, Utah

unter anderem an der 15 Meter dicken Ascheschicht in der Pumice Desert nördlich des Sees zu erkennen. Kraftlos brach die entleerte Magmakammer des explodierten Vulkans zusammen und ließ eine rund zehn Kilometer breite, schüsselförmige Vertiefung entstehen, die «Kaldera», die sich im Laufe der Zeit durch den von feuchten Westwinden herangetragenen Schnee und Regen bis zum heutigen Crater Lake auffüllte. Den Wasserstand gleicht der zu- und abflusslose See durch Verdunstung aus. Was John Wesley und einige Prospektoren auf der Suche nach einer Goldmine 1853 zufällig entdeckten und heute wie ein friedlicher Park wirkt, wurde geboren von Feuer und Eis.

Wizard Island ist der eigentliche Vulkan in der Kaldera. Wie eine Insel ragt die vor rund 5000 Jahren geformte «neue» Vulkanspitze 232 Meter aus dem Wasser – ein Vulkan in einem Vulkan. Vermutlich hat der Zeitungsherausgeber James Sutton aus Jacksonville, Oregon, den Crater Lake 1869 nach dem 90 Meter breiten und 30 Meter tiefen Krater auf Wizard Island benannt.

Begleitet wird das Rund des Sees von steilen Klippen und dem Asphaltband des Rim Drive, einer 53 Kilometer langen phantastischen Panoramastrecke, durchschnittlich 250 Meter oberhalb des Seespiegels und mit vielen Aussichtspunkten. Immer wieder werfen wir aus allen Perspektiven einen Blick in die Tiefe, auf das extreme Blau des Sees, und aufs Neue verändern Sonnenstand und Blickwinkel die Farben des Sees und des Gesteins.

Im langen Winter herrscht Dauerfrost und König Schnee, der den Rim Drive bis in den Juni hinein sperrt. Aufgrund seiner in den extremen Tiefen gespeicherten Wärme friert der Crater Lake jedoch nur selten vollständig zu, das letzte Mal schloss sich die Eisdecke 1949.

Rim Village besitzt neben Mazama Village die einzige touristische Infrastruktur des Parks. Vom nahegelegenen Sinnott Memorial Overlook bietet sich ein erster hervorragender Überblick über den See. Wir möchten alle Aussichtsberge am Ufer erwandern, um einen vollständigen Eindruck von dem faszinierenden Naturschauspiel des Crater Lake zu erhalten. Deshalb folgen wir dem 2,5 Kilometer langen Weg auf den Garfield Peak am Südufer und dem ein Kilometer langen Weg auf den Watchman am Westufer, auf dem ein Feuerwach-und Aussichtsturm einen hervorragenden Blick auf Wizard Island gewährt.

Zur Cleetwood Cove führt ein zwei Kilometer langer, steiler Pfad über einen Höhenunterschied von 213 Metern hinunter, der einzige Zugang zur glitzernden Wasserfläche. Von dort aus starten die zweistündigen Bootstouren auf dem Crater Lake, inklusive Stop auf Wizard Island. Dessen Kraterrand lässt sich auf einem 1,5 Kilometer langen Pfad erklimmen, die Rückfahrt erfolgt dann mit einem späteren Schiff.

Mit dem Auto geht es hinauf zum Aussichtspunkt am Cloudcap, 600 Meter über dem See gewährt er einen der schönsten Fernblicke am Crater Lake. Ein anderes Panorama vermittelt der vier Kilometer lange Wanderweg zum Mount Scott. Vom Feuerwach- und Aussichtsturm auf dem mit 2720 Metern höchsten Gipfel des Parks gibt es eine gute Fernsicht auf den See und die umgebende Bergwelt.

Das Phantomsegelschiff im See ist eine Felseninsel

Vom Kerr Notch, einem alten Gletschertal aus den Zeiten des Mount Mazama, entzückt das hervorragende Panorama auf Phantom Ship. Die segelähnlichen Spitzen der so winzig wirkenden Felseninsel im Crater Lake sind aber doch so groß wie ein fünfzehnstöckiges Hochhaus.

Elf Kilometer lang ist die Fahrt von Kerr Notch zu den Pinnacles oberhalb des Wheeler Creek Canyon. Auch die pittoresken Felstürmchen und -nadeln, die gleich versteinerten Fabelwesen am Canyon aufgereiht den Besucher erwarten, entstammen den vulkanischen Aktivitäten früherer Tage. Während die Erosion das weichere Gestein der Umgebung weggewaschen hat, modellierte sie gleichzeitig die Pinnacles.

Kurzinformation:
Steel Information Center liegt am Eingang des Parks, ein zweites «Visitor Center» befindet sich im Rim Village.

Bootsgrab nordwestamerikanischer Ureinwohner

Redwood National Park

Der Redwood National Park an der nordkalifornischen Küste ist die Heimat der höchsten Bäume der Welt. Die Coast Redwoods (*Sequoia sempervirens*) gedeihen vom südlichsten Oregon bis hinunter zum kalifornischen Monterey. Sie wachsen innerhalb eines 50 Kilometer breiten Küstenstreifens in Höhen bis zu 900 Meter und verlangen dabei ein moderates Klima mit geringen Temperaturschwankungen zwischen Sommer und Winter sowie ausreichende Niederschläge der Westwinde. In dieser Atmosphäre werden die Redwoods im Durchschnitt bis zu 700 Jahre alt, wobei manche Exemplare ein oder gar zwei Jahrtausende auf dem Buckel haben können. Wenn sie auch nicht so alt und mit maximal sieben Metern an ihrer Basis auch nicht so breit werden wie ihre Vettern, die mächtigen Giant Sequoias in der Sierra Nevada, verzeichnen sie mit Höhen von über 110 Metern gigantische Ausmaße.

Die bis zu 30 Zentimeter dicke, zimtbraune Rinde der Redwoods ist resistent gegen Feuer, Insekten und Pilze, und bleibt selbst nach Bränden noch Leben erhaltend intakt. Dafür sind Redwoods sehr windanfällig. Nur vier Meter tief in den Boden, aber bis zu 25 Meter weit reicht das flache Wurzelsystem, das jeden vorhandenen Tropfen Feuchtigkeit aufsaugt, aber keine stabilisierenden Pfahlwurzeln besitzt.

Der berühmte Küsten-Highway 101 verbindet die einzelnen Parkareale miteinander. Er bietet Zugang zu den Aussichtspunkten und Wanderwegen und vermittelt ein reizvolles Bild, wenn Sonnenschein und der für die Küste typische Nebel hinter jeder Kurve abwechseln.

Im schattigen Reich des Jedediah Smith Redwoods State Park streben jahrhundertealte Redwoods in trauter Gemeinsamkeit himmelwärts. Wir wähnen uns in einer von hohen Säulen gestützten Kathedrale. Schmale Pfade winden sich durch das gedämpfte Licht des üppigen, farnbestandenen Waldes, wo das Sonnenlicht nur grüngefiltert den Boden erreicht. Über die Walker Road gelangen wir vom Highway 197 zum Ufer des glasklaren Smith River, der in einem wunderschönen Kiesbett fließt. Er liegt weit genug im sonnig-warmen Inland, so dass wir im Gegensatz zur wind- und nebelumwehten Küste auch an diesem Tag ein erfrischendes Bad nehmen und uns am Ufer sonnen können.

Grauwale nur im Frühling und Herbst

Hirsche zwischen den Zelten am Strand

Als Alternativroute zurück nach Crescent City folgen wir den unnachahmlichen Windungen der Howland Hill Road, einer staubigen Schotterstraße und ehemaligen Postkutschenroute, wo vermeintlich hinter jeder Kurve ein solches Gefährt hervorgeschossen kommen kann. Unterwegs halten wir an der Stout Grove und wandern entlang eines schmalen Pfades ehrfurchtsvoll durch die bis zu 100 Meter hohen Redwoods. Einer der Baumriesen, der vor vielen Jahren umstürzte und allmählich zerfällt, dient mittlerweile als Nährstoffquelle und Stütze seiner zartgrünen Nachkommen, die in eine hoffentlich gesicherte Zukunft hineinwachsen.

Zwei schöne Strände weist das Gebiet von Crescent City auf, Crescent Beach, drei Kilometer südlich der Stadt, und Enderts Beach, am Ende der Enderts Beach Road, sind beide über die gleichnamige Straße zu erreichen.

Vom Küsten-Highway nehmen wir die Requa Road zum Klamath Overlook, die uns hochführt zu einem fabelhaften Blick auf die Flussmündung und den Ort Klamath, dessen Vorgänger 1964 von einer Flutwelle weggespült wurde. Von diesem hoch gelegenen Picknickplatz lassen sich nicht nur die faszinierend glutvollen Sonnenuntergänge über dem Pazifik, sondern mit etwas Glück im Frühjahr und Herbst auch vorbeiziehende Grauwale beobachten. Tief atmen wir den Salzgeruch ein, der uns umweht, als wir südlich der Flussmündung den Coastal Drive entlangfahren, eine teilweise unbefestigte Straße mit schöner Sicht auf die hohe Brandung des Pazifiks.

Am Ende der Davison Road, innerhalb des Prairie Creek Redwoods State Park, treffen wir auf die Gold Bluffs Beach, einen ursprünglichen Sandstrand, auf dem wir stundenlang wandern und dem sogenannten «Beachcombing» nachgehen, dem Suchen und Sammeln interessanter und einzigartiger Strandgüter. Herrlich strandnah liegt der flache Campingplatz zwischen Steilküste und Dünen, nachts begleitet uns das unaufhörliche Rauschen der Brandung in den Schlaf. Auf dem weiten Wiesenland grasen besonders viele Wapitihirsche (Roosevelt Elk). Nachts halten sich die großen Hirsche auch in Strandnähe zwischen den Zelten auf.

Nordkalifornisches Regenwaldjuwel nahe des Pazifik

Am Ende der Straße zieht sich unbemerkt der Fern Canyon landeinwärts, ein moos- und farnüberwuchertes Regenwaldjuwel der nordkalifornischen Küste. Wir dringen entlang des kleinen, glasklaren Baches in die grüne Stille der Schlucht ein, begeistert von der versteckten Idylle, die den nahen Ozean nicht mal mehr ahnen lässt. Von den rund 15 Meter hohen Canyonwänden, oberhalb derer sich ebenfalls ein kleiner Pfad dahinzieht, rinnen kleine Wasserfälle hinab, quillen unablässig schillernde Tropfen aus den dickgepolsterten Moos-kissen.

In das Gebiet um Orick locken Strand- und Waldwanderungen gleichermaßen. Nach Süden hin trifft man auf die Freshwater Lagoon und die Stone Lagoon, zwei Süßwasserseen, die nur durch eine schmale Sandbarriere vom Salzwasser des Ozeans getrennt sind. Nördlich von Orick biegen wir auf die Bald Hills Road ab, die uns zum Lady Bird Johnson Grove führt. Der 1,5 Kilometer lange Pfad führt zwischen 600 Jahre alten, majestätischen Bäumen hindurch, wo 1968 die Einweihungszeremonie des Nationalparks durch Lady Bird Johnson, die Gattin des damaligen US-Präsidenten, stattfand.

Die populären Shuttle-Bus-Fahrten zum Tall Trees Grove ab der Parkinformation sind recht schnell ausgebucht. Wir entscheiden uns für eine durch Ranger geführte, kombinierte Bus-

und Wandertour von etwa vier Stunden. Ein Mensch wirkt zwergenhaft angesichts der großen, uralten Bäume, die ihren Namen «Tall Trees» ganz zu Recht tragen. Der größte unter ihnen ist mit stolzen 112 Metern der Howard A. Libbey Tree, der höchste Redwood der Welt. Unterwegs hören wir, dass trotz aller Schutzmaßnahmen der Mensch der größte Feind der prachtvollen Bäume bleibt, dass außerhalb des Nationalparks immer noch uralte Redwoods gefällt werden.

Kurzinformation:
Redwood-Parkinformationen befinden sich in Crescent City und Orick.

Lassen Volcanic National Park

Die von Feuer und Eis geprägte vulkanische Vergangenheit des Lassen Peak offenbart sich heute noch in schweflig dampfenden Höhlenöffnungen, blubbernden Schlammtöpfen und einem beeindruckenden Gipfel. Ihr Hauptakteur ist der südlichste der Cascades-Vulkane und zugleich Teil des rings um den Pazifik verlaufenden «Ring of Fire». Seine vulkanische Laufbahn begann er als dampfende Erdöffnung auf der Nordflanke der Kaldera des urzeitlichen Vulkans Mount Tehama.

1914 hatte beim Lassen Peak eine siebenjährige, sporadisch aktive Periode eingesetzt, während der er die umgebende Berglandschaft vollkommen veränderte. Erst 1915 fand hier der letzte bedeutende Vulkanausbruch statt, als der Berg mit gewaltiger Energie große Mengen Asche, Lava, Schlamm und Geröll um sich spuckte. Daraus resultierten in ihrer zerstörerischen Kraft verheerende Schlammlawinen, die zu Tal rasten und alles auf ihrem Weg mit sich fortrissen. Auf Jahre hinaus wuchs hier nichts mehr, doch heilt die Natur solche Wunden auf ihre eigene Art, präsentiert in der kurzen Zeitspanne eines Menschenlebens ein Stück der Evolutionsgeschichte, die seit Urzeiten auf diesem Planeten vonstatten geht. Seit 1921, als die große angestaute Energie des Lassen Peak verpufft war, hat sich der Berg nicht mehr gerührt, und heute existiert im Gebiet des Lassen Peak eine reichhaltige Flora und Fauna. Dennoch ist der Berg wie alle Cascade-Vulkane potentiell aktiv, vor der Eruption des Mount St. Helens 1980 war seiner der jüngste Vulkanausbruch in den südlichen 48 US-Bundesstaaten.

Ein Naturpfad windet sich durch die Sulphur Works Thermal Area, ein uriges Gebiet geothermaler Phänomene, vermutlich das einstige Zentrum des Mount Tehama. Gelblich braunen, verkrusteten Schwefellöchern entweichen zischend und brodelnd geruchsintensive Dämpfe. Einsickerndes Oberflächenwasser trifft in solchen Gebieten auf unterirdisch sich weitläufig erstreckende heißglühende Felsen, wobei das mit Mineralien angereicherte erhitzte Wasser an die Oberfläche zurückgedrängt wird, wo es kühlt und mineralische Ablagerungen hinterlässt.

Wie ein Besuch in der Urzeit erscheint ein Spaziergang durch die Bumpass Hell, die vulkanisch aktivste Zone des Parks. Wo die Erde heute noch ihre urzeitliche Hitze entlässt, liegt der Gedanke an die Vitalität des Erdinneren und potentielle Gefahren sehr nahe. Ein Holzsteg führt über bläuliche Heißwasserquellen, köchelnde, schlammige Untiefen und zischende Erdöffnungen, die uns in ihrem unheimlichen Zusammenspiel wie der aufgerissene Schlund der Erde erscheinen. Über allem liegt ein schwefliger Geruch.

Ein Relikt der Gletschererosion ist der hübsche Emerald Lake. Als sich die Gletscher nach der letzten Eiszeit zurückzogen, räumten sie die unter ihnen liegenden Täler frei von Schutt und Gestein, und in den Vertiefungen sammelte sich nachfolgend das Regenwasser.

Auf dem Picknickplatz am Lake Helen legen wir in Ruhe und Einsamkeit eine Mittagspause ein. Direkt vor unseren Augen erhebt sich karg und steinig der 3187 Meter hohe Lassen Peak in den blauen Sommerhimmel Kaliforniens. Er spiegelt sich anmutig im See. Vom nahen Parkplatz wandern wir auf dem nur vier Kilometer langen serpentinenreichen Weg zum Gipfel. Etwa zwei Stunden sollte man für den Aufstieg über rund 600 Höhenmeter einrichten, ein herrliches Rundpanorama ist der Lohn für die Mühsal. Auf dem breiten Gipfelplateau liegen weitgefächert in chaotischer Unordnung die schwefelgelben Überreste früher vulkanischer Ausbrüche.

Am Emigrant Pass breiten sich die zerklüfteten Gefilde der Devastated Area aus. Die Vegetation erobert ganz allmählich das durch die Eruption von 1915 am stärksten betroffene Gebiet wieder zurück. Gespannt suchen wir die interessanten Indizien vulkanischer Aktivitäten auf, die weiter nördlich an der Straße liegen. Die Chaos Crags sind Verschlüsse von Vulkankratern, die einst bei urzeitlichen Eruptionen wie Kanonenkugeln abgefeuert wurden. Aus einer Steinlawine, die auf Luftkissen mit 150 Stundenkilometern zu Tal raste, resultierten die Chaos Jumbles, die auf den gegenüberliegenden Berg aufprallten und wieder zurückrutschten. Auch hier unternahm die Natur jegliche Anstalten, das Land wieder mit einer Vegetationsdecke zu überziehen. Im Dwarf Forest, dem «Zwergenwald», fassten im Chaos gedrungene Nadelbäume Fuß, die trotz ihres Alters nur wenige Meter hoch werden.

Kurzinformation:
Das «Visitor Center» befindet sich am Nordwesteingang des Lassen Volcanic National Park.

Yosemite National Park

Der Yosemite National Park ist ein Gebirgspark von unübertroffener Brillanz und faszinierender landschaftlicher Vielfalt. Scharfkantige,

Bärentanz. Bären spielten im Leben der nordamerikanischen Ureinwohner eine wichtige Rolle. Beide, Indianer und Bär, waren gegenseitig Jäger und Gejagte

zackige Kammlinien entlang der Sierra Nevada, von Wind und Wetter in Jahrtausenden glatt polierte Granitkuppeln, lebhaft sprühende Wasserfälle, hohe Riesenmammutbäume und von Gletschern U-förmig ausgeschliffene Täler, sie alle bestimmen das Bild des Yosemite, der zu den beliebtesten Nationalparks der USA gehört und jährlich ein Millionenpublikum anzieht.

Unbestrittenes Zentrum aller Aktivitäten im Park ist das malerische Yosemite Valley, das von Restaurants, Hotels, Geschäften bis hin zu Museen, Reitställen und Fahrradvermietungen alle Annehmlichkeiten des modernen touristischen Lebens bietet. Wegen der ungeheuren Popularität verstopfen tagtäglich tausende Besucherautos die Parkeinfahrten und -straßen. Am besten kommt man mit den Shuttle-Bussen durch das Tal vorwärts. Durch das von Gletschern glatt und eben ausgeschliffene Tal mäandert der glasklare Merced River, der auch zum Baden einlädt.

Trotz der umgebenden Geschäftigkeit lassen sich an seinen Wiesenufern, die im Frühsommer bunte Wildblumen zieren, schöne stille Stunden verleben. Wunderbar spiegelt sich die silberglänzende Granitwand des El Capitan auf dem Wasser des Merced River wider. 1000 Meter hoch folgen unsere Augen der vertikal vom flachen Talboden aufragenden Felswand. Weiter hinten im Tal sehen wir die markante Nordwand des kuppelförmigen Half Dome, ebenfalls eines der bekanntesten Wahrzeichen des Parks. Schwierigste Kletterrouten ziehen sich an beiden Prachtbergen hoch, für deren Bewältigung die Spitzensportler dieser Branche oft mehrere Tage benötigen.

Andere Naturschönheiten liegen nur unweit der Hauptwege. Oberhalb des Yosemite Village, nur einen kurzen Fußweg vom Shuttle-Bus-Halt entfernt, stürzen die majestätischen Yosemite Falls in mehreren Stufen die Steilwand hinab. Mit 740 Metern zählen sie zu den höchsten Wasserfällen der Welt.

Zur Schneeschmelze im Spätfrühjahr und Frühsommer legen sie ihre ganze Vitalität und strahlende Schönheit an den Tag. Über den Sommer lässt die gewaltige Kraft allmählich nach, während ab Spätsommer oft kein Tropfen mehr fällt. Herrliche Wanderwege ziehen sich durch die High Sierra des Yosemite National Park, ein unvergleichliches Land an der Baumgrenze, in dem man Einsamkeit, Ruhe und Naturschönheiten genießen kann, ein zivilisationsfreies Hochgebirge mit über 4000 Meter hohen Gipfeln und traumhaft schönen spiegelglatten Seen. Sie werden von den schmelzenden Schneemassen gefüllt und sind der Beginn manch mächtiger Flüsse, die das westliche Kalifornien mit Wasser versorgen und die Kajakfahrern und Raftern als Freizeitreviere dienen.

Allen voran ist der John Muir Trail zu nennen, ein schmaler Wanderpfad, der sich bis auf Höhen von 4000 Metern vorwagt und nach 355 Kilometer Wegstrecke über den Kamm der Sierra Nevada auf dem Mount Whitney im Sequoia National Park endet. Seinen Namen trägt er nach dem Naturschützer John Muir (1838–1914), der sich seit den sechziger Jahren des 19. Jahrhunderts für die Erhaltung der Landschaften in der Sierra Nevada einsetzte.

Amerikas Wappentier: Weißkopfadler (Foto H. J. Matussek)

Ganz besonders stark lag ihm der Yosemite am Herzen, der bereits 1890 zum Nationalpark erklärt wurde.
Die ersten Kilometer des John Muir Trail führen auf einem populären, gut ausgebauten Wanderweg vom flachen Talboden des Yosemite Valley zum Vernal Fall und in einer kurzen Fortsetzung zum Nevada Fall. Zwei Regenbögen spannen sich malerisch über das Felsbeken am Fuß des Vernal Fall.
Am Ende der Glacier Point Road, 51 Kilometer Autostraße aber nur sechs Kilometer Wanderweg zum Talboden des Yosemite Valley entfernt, gelangen wir zum Glacier Point, dem besten, mit dem Auto zugänglichen Aussichtspunkt des Parks. 1000 Meter hoch über dem Tal eröffnet sich eines der grandiosesten Panoramen des Yosemite. In all seiner Mächtigkeit erhebt sich der Half Dome aus dem Tal, hofiert von zahllosen Granitkuppen, die sich silbern über das Land verteilen. Weit unten wird der Blick angezogen von Vernal und Nevada Fall, über die der Merced River zu Tal poltert und wie ein weißes Band durch das Grün des Waldes flattert.
Farbige Akzente setzen die bunten Drachenflieger, die sich vom Glacier Point aus frühmorgens hoch über dem Dunst des noch im Schatten liegenden Tals der Thermik anvertrauen. Über allem wölbt sich ein blauer Himmel, der gerade eben erst die Blässe des letzten Morgengrauens abgeschüttelt hat. Nur einen kurzen Wanderweg entfernt liegt der Sentinel Dome. Der beste Aussichtsberg im Nationalpark bietet ein prächtiges Rundumpanorama auf Berge und Täler im Yosemite. Die Tioga Road (SR 120) bildet auf rund 300 Kilometern die einzige Passstraße in Ost-West-Richtung quer über die Sierra Nevada.
Bis auf 3031 Meter am Tioga Pass steigt die höchste Passstraße Kaliforniens, die seit 1883 die granitbesetzten Bergwälder mit dem wüstenhaften Beckenlandschaften des östlichen Kaliforniens verbindet. Sie teilt den Yosemite National Park in eine vielbesuchte West- und eine ruhigere Osthälfte.
Ein Hochgenuss unterwegs ist die grandiose Aussicht auf die Granitberge vom Olmsted Point oder der Spaziergang über den Sandstrand am malerischen, aber eiskalten Tenaya Lake. Auf den hoch gelegenen Campingplätzen an der Tioga Road friert es selbst in Sommernächten oft schon, während auf den, allerdings überfüllten, Plätzen des Tals noch ideale Temperaturen herrschen. Zwischen November und Mai besteht ohnehin Schneesperre auf der Straße.

San Franciscos Trinkwasserquelle: glasklares Bergwasser

Die Tuolomne Meadows auf rund 2600 Meter Höhe sind mit vier Kilometer Länge eine der größten und höchst gelegenen subalpinen Wiesenlandschaften der Sierra Nevada und Ausgangspunkt für Wanderungen in das Hinterland des Yosemite. Durch das flache Wiesengelände, aus dem die sanft gerundete Granitkuppel des Lembert Dome emporragt, fließt der Tuolomne River, dessen glasklares Bergwasser die Trinkwasserquelle für die Großstadt San Francisco bildet.
Drei uralte, prachtvolle Riesenmammutbaumbestände liegen geschützt vor dem Einfluss der machtvollen kalifornischen Holzindustrie innerhalb des Parks. Der Mariposa Grove am Südrand des Yosemite National Park ist der größte unter ihnen. Geschätzte 2700 Jahre auf dem Buckel hat der Grizzly Giant, ein zotteliger, rotrindiger Baumgigant, der Methusalem unter den rund 500 Giant Sequoias dort. 8,5 Meter misst sein Durchmesser, 64 Meter seine Höhe. Wir lassen das Auto stehen und wandern, immer wieder den Kopf in den Nacken gelegt, durch den Wald der Giganten.

Baum mit über 1 Million Kilo Gewicht

Windsturm für Baum gefährlicher als Waldbrand

Nördlich des Mariposa Grove liegt in einer Wiesenlandschaft unweit des South Fork of the Merced River die frühe Siedlung Wawona, die im späten 19. Jahrhundert eine der wichtigsten Postkutschenstationen des Yosemite Valley war. Das 1879 erbaute Wawona Hotel ist heute eines der ältesten noch in Betrieb stehenden kalifornischen Hotels.

Kurzinformation:
Parkinformationen befinden sich im Yosemite Valley und an den Tuolumne Meadows.

Kings Canyon National Park und Sequoia National Park

Kings Canyon und Sequoia National Park bieten einen idealen Lebensraum für die Riesenmammutbäume. Der Giant Sequoia ist die mächtigste Baumart der Welt, die Zahlen lesen sich wie ein Auszug aus dem Guiness-Buch der Rekorde: er erreicht maximal 1300 Tonnen Gewicht, zwölf Meter Durchmesser am Fuß des Stammes sowie ein biblisches Alter von 3200 Jahren.

Gleich winzigen Zwergen fühlen sich die Menschen, die den Kopf weit in den Nacken legen müssen, um hinaufzuschauen zu den Baumkronen, zu den ersten Ästen, die so dick wie die Stämme unserer europäischen Baumarten sind. Das Verbreitungsgebiet der Riesenmammutbäume beschränkt sich auf nur noch 75 Areale zwischen 1500 und 2100 Meter Höhe an den Westhängen der Sierra Nevada, wo aufgrund der vorherrschenden Westwinde mehr Regen fällt als jenseits der Kammlinie.

Seltsam zerklüftet präsentiert sich die rötlich braune, faserige Rinde der Giant Sequoias, die – wie schon früher erwähnt – so mächtig ist, dass sie den Baum nicht nur vor Pilzen und Bakterien, sondern auch vor Waldbränden schützt. Selbst wenn das Feuer irgendwie einen Weg an das Holz des Giant Sequoia findet, die Rinde bleibt unbeschadet und hält die Lebensgeister des Baumes aufrecht. Die größte natürliche Bedrohung für den Giant Sequoia entwickelt sich bei Stürmen, die den Baum mit dem recht flachen Wurzelsystem schnell zu Fall bringen können. Das Feuer hilft vielmehr bei der Vermehrung, es trocknet die hühnereigroßen Zapfen, die durchaus bis zu 20 Jahre am Baum hängen bleiben. Durch das folgende Öffnen der Zapfen fallen die Samen zur Erde, die von der entstandenen Asche in ein fruchtbares Saatbeet verwandelt worden ist.

Der Grant Grove im Kings Canyon National Park ist Heimat des Grant Tree, eines der weltgrößten Giant Sequoias, liebevoll auch «Nation's Christmas Tree» («Weihnachtsbaum der Nation») genannt. Er hat die Jahrhunderte überstanden, doch viel zu viele Stümpfe zeugen von den Fällaktionen des ausgehenden 19. Jahrhunderts. Der Centennial Stump erzählt die Geschichte von dem großen, alten Giant Sequoia, der 1875 gefällt wurde, um zum 100. Geburtstag der amerikanischen Unabhängigkeit auf einer Ausstellung in Philadelphia einem staunenden Publikum präsentiert zu werden.

Sein trauriges Schicksal verdeutlicht, dass bevor die Giant Sequoias in den Nationalparks unter Schutz gestellt wurden, der Mensch ihr größter Feind war. Grimmig ließ der besorgte Naturschützer John Muir dazu verlauten: «Genauso gut könnte man die Regenwolken und den Schnee und die Flüsse verkaufen, um sie zu zerstückeln und abzutransportieren, wenn das möglich wäre.»

Vom Grant Grove verläuft der kurvenreiche Kings Canyon Highway parallel zum ungestümen South Fork Kings River in den Kings Canyon hinein. Dem River Trail folgen wir zur Zumwalt Meadow, einem insgesamt fast zehn Kilometer langen, ebenen Tal, das mit seiner romantischen Waldeinsamkeit einen eindrucksvollen Kontrast zum steilwandigen Flusscanyon und den granitenen Berggipfeln bildet. Am Roads End des Kings Canyon Highway blicken wir die unglaublich hohen Steilwände des Canyons hinauf, während sich gleich nebenan der wild dahinrasende Fluss wie seit Jahrtausenden mit stürmischem Gefälle durch das Gestein fräst.

Zurück zum Grant Grove, wo uns dann das kurvige Asphaltband des General Highway in den Sequoia National Park führt. Wir sind neugierig auf den dichtesten und größten Giant-Sequoia-Bestand des Parks, wo vier der fünf weltgrößten Giant-Sequoia-Exemplare stehen. Bäume von unglaublichen Dimensionen in einen Wald, den John Muir passend «Forest of the Giants» nannte.

Ein Spaziergang in diesem «Wald der Giganten», der dem säulenreichen Inneren einer Kathedrale gleicht, erfüllt uns mit Ehrfurcht vor dem Alter und der Ausdauer der mächtigen Baumveteranen, vor ihrer unvergleichlichen Schönheit. Ein Netz herrlicher Wanderpfade durchzieht das Gebiet, besonders reizt uns der Congress Trail zum General Sherman Tree, dem Baum der Superlative in den USA. Nicht das höchste Exemplar, aber dank seines gewaltigen Gewichts von 1300 Tonnen zweifelsohne eines der größten Lebewesen auf Erden. Vor über 2500 Jahren entspross der Baumgigant einem haferflockengroßen Samenkorn. Wie all die jungen Giant Sequoias um ihn herum ähnelte er zunächst mehr einer Kleinkonifere, doch war er in biblischen Zeiten schon ein ausgewachsener Baum von beträchtlicher Masse. Heute ist seine feuerfeste, zimtbraune Rinde über einen halben Meter dick, misst sein größter Ast weit über zwei Meter im Durchmesser, und noch immer legt der Methusalem jedes Jahr die einem 18 Meter hohen Baum vergleichbare Holzmasse zu.

In schönster Streckenführung quer durch die Giant-Sequoia-Giganten zieht sich der Generals Highway südwärts zum Giant Forest Village. Wir lassen das Village samt Lodge hinter uns und folgen der Autostraße in Richtung Moro Rock. 100 Meter steigen wir steil hoch zum Gipfel des kuppelförmigen Granitmonolithen. Beim Verschnaufen auf dem phantastischen Aussichtspunkt 1200 Meter über dem Tal können wir in Ruhe den Blick über die Berge und Tälder der Sierra Nevada genießen. An der Crescent Meadow, dem Ausgangspunkt für Wanderungen in das einsame, wilde Hinterland des Parks, endet die Parkstraße.

In der östlichsten Ecke des Sequoia National Park krönt Mount Whitney (4417 Meter) die Sierra Nevada. Auf den höchsten Gipfel der 48 zusammenhängenden Bundesstaaten der USA führt ab Whitney Portal ein 18 Kilometer langer Wanderweg. Hoch über der High Sierra erlaubt der Gipfel eine traumhaft schöne Fernsicht über seine steinernen Nachbarn im Westen und das tief unten am Rande des Great Basin gelegene, heiße Flachland des Owens Valley im Osten.

Kurzinformation:

Im Grant Grove befindet sich das «Visitor Center» des Kings Canyon National Park, im Giant Forest das Lodgepole Visitor Center des Sequoia National Park.

Holzfäller und Zimmermann: Biber

Channel Islands National Park

Der Channel Islands National Park vor der südkalifornischen Küste bei Los Angeles schützt fünf Inseln und die mannigfaltige Unterwasserfauna eines Wind und Wetter ausgesetzten Archipels. Eigenartig unnahbar und felsig abweisend präsentieren sich die häufig in Nebel gehüllten Channel Islands. Mit bis zu 746 Meter hohen Erhebungen präsentiert sich Santa Cruz Island, eher glatt geschliffen die westlichste Insel San Miguel. Viele frühe Seefahrer fanden mit ihren Schiffen den Untergang in den riffreichen Untiefen des aufgewühlten Meeres.
Zunächst wirken die Channel Islands auf den Neuankömmling braun und verlassen, bei näherem Hinsehen entdecken Naturliebhaber eine reichhaltige Flora und Fauna, die aus der isolierten Lage vom Festland und dem Aufeinandertreffen kalter und warmer Meeresströmungen im Santa Barbara Channel entstanden ist. Das fragile, schutzbedürftige Ökosystem im konstant wehenden, salzigen Wind des Pazifiks wird geprägt vom nimmermüden Spektakel aus Ebbe und Flut sowie den geringen Regenfällen, die das Land nur gelegentlich aufblühen lassen.

Seelöwen bevölkern die unzugänglichen Küstenfelsen, sie wirken erheitert über den seltsamen zweibeinigen Besuch oben auf den Klippen. Großäugige Seehunde strecken ihre runden Köpfe neugierig aus dem Wasser, während Kormorane, braune Pelikane und andere Seevögel eher ihrem eigenen, emsigen Tageswerk zugetan sind und mit fischiger Beute im Schlund zu ihren Jungen fliegen. Während die einen krakeelend ihr Revier verteidigen, machen sich die anderen schon wieder zum nächsten Meeresflug auf. Hier scheint nichts in Ruhe abzulaufen, und doch folgt alles seinem ureigenen Rhythmus vor dem Hintergrund einer scheinbar bewegungslosen Felslandschaft.
Die Bootsfahrten zum 20 Kilometer entfernten Anacapa, der dem Festland nächstgelegenen Insel, werden von Ventura oder dem wenige Kilometer südlich gelegenen Oxnard aus angeboten. Neben Tierbeobachtungen gehören Schnorcheln, Schwimmen und auch Wandern zu den möglichen Aktivitäten auf Anacapa. Nach einem steilen Anstieg eröffnet sich ein lohnender Ausblick über das eigentlich aus drei kleineren Inseln bestehende, rund acht Kilometer lange Eiland. Ranger-Führungen gibt es auf Santa Rosa und San Miguel. Sie bieten gute Gelegenheiten, die Inseln unter sachkundiger Führung kennenzulernen und mehr über ihre Natur und ihre Geschichte zu erfahren.

Kurzinformation:

Das Channel Islands National Park Visitor Center befindet sich in Ventura.

Death Valley National Park

Das Death Valley im östlichen Kalifornien an der Staatsgrenze zu Nevada umfasst eine der

Kalifornischer Seelöwe

ungewöhnlichsten, harschesten und in ihrer atemberaubenden Fremdheit doch schönsten Landschaften der Erde. Auf rund 200 Kilometer Länge und nur maximal 26 Kilometer Breite ballen sich hier geographische, biologische und klimatische Extreme der Mojave-Wüste zu einem außergewöhnlichen Szenarium zusammen.

Was macht nun die berühmt-berüchtigte Reputation des «Tal des Todes» in der kalifornischen Mojave-Wüste aus? Vor Hitze flimmernde Salzwüsten stellen wir uns vor, wir denken an die dunstige Mittagshitze staubtrockener Weiten unterhalb des Meeresspiegels, in denen wir glitzernde Seen zu sehen glauben, an stille, menschenleere Räume, in denen die Sonne wahrscheinlich zu viel für jedes Lebewesen scheint, an ein aufwühlendes Drama aus Sanddünen, Salzebenen, Vulkankratern und anderen phantastischen Formationen.

Die Gestaltung dieser faszinierenden Landschaft geht rund drei Millionen Jahre zurück, als kraftvolle Auffaltungen der Panamint Range die Tallagen absinken ließen und die Erosion die weitere Bearbeitung der Oberfläche in Angriff nahm. Im Wesentlichen hat das Ende der letzten Eiszeit das heutige Landschaftsbild zu verantworten, als sich weitläufige Seen bildeten, in denen sich Gesteinssedimente, Schlamm, Salze und Mineralien ablagerten. Als das Wasser verschwand, formten die zurückgebliebenen Ablagerungen den glatten, breiten Talboden des heutigen Death Valley.

Bewohnt ist das Death Valley von endemischen Tier- und Pflanzenarten, die speziell an dieses Tal und seine Charakteristika angepasst sind. Sie überleben, weil sie Wasser speichern oder durch ihre Nahrung aufnehmen können, sich an möglichst schattigen, kühlen Plätzen aufhalten und nachts nach Futter suchen. Sie lassen die Wüste leben, ebenso wie die zarten Wildblumen, die jede Spur Feuchtigkeit nutzen, um aus dem betonharten Wüstenboden zu sprießen und eine Zeit lang Farbe und Anmut zu verbreiten.

Europäische Einwanderer hielten sich nie sehr lange im Death Valley auf, zu groß waren die Anpassungsschwierigkeiten, zu extrem das Klima. Auf Spuren menschlicher Aktivitäten stoßen wir bei den verfallenen Minen von Eagle und Harmony Borax Works, wo die Weißen Ende des 19. Jahrhundert nach dem körnigen Borax gruben, aus dem das Halbmetall Bor gewonnen wird. So viel Kraft erforderte der Abtransport, dass zwanzig Maultiere gleichzeitig einen Wagen ziehen mussten.

So gut wie nie fallen Niederschläge auf die ariden Gefilde des Death Valley im Regenschatten von Sierra Nevada und Panamint Range, wenn auch die hohen Gipfel über der gleißenden Salzpfanne manchmal schneebedeckt sind. Wasser ist hier so rar wie Gold, doch Gewitterregen in den Bergen haben oft verheerende Auswirkungen auf das Wüstenland. Unter einem temporaren Übermaß des kostbaren Nass leidet auch dieses Tal des Staubs und des Salzes, wenn die Fluten als «Flash Floods» in die tiefer gelegenen Regionen strömen, auf ihrem Weg alles mitreißen, sich im Death Valley sammeln und im Sommer gelegentlich Straßen überschwemmen.

50 Grad Celsius und kein Schatten

Die sommerlichen Mittagstemperaturen erreichen oft die 50° Celsius-Marke. Unglaublich heiß ist der Boden, man könnte beinahe ein Spiegelei darauf braten, anfassen können wir ihn jedenfalls nicht. In der Sonne halten wir es kaum aus. Jeder, der hier steht, glaubt mit jeder Pore, dass hier der heißeste Punkt Nordamerikas liegt, was mit gemessenen 57° Celsius auch der Realität entspricht. Klimatisch betrachtet, fällt der schönste Zeitpunkt für einen Besuch im Death Valley in die Zeit zwischen Oktober und Mai. «Badwater», der Teich mit dem «schlechten Wasser» ist ein Kuriosum im bizarren Theater des Death Valley, ein flacher, lauwarmer Salztümpel unter der gleißenden Sonne. 86 Meter unter dem Meeresspiegel liegt er am tiefsten Punkt der westlichen Hemisphäre, ein Anziehungspunkt für viele Death-Valley-Touristen, die an seinem Rand fassungslos auf die ungeschützte Weite und Leere ringsherum blicken.

Nichts im Death Valley wirkt lieblich und anheimelnd, dennoch ist dem ganzen Tal eine unvergleichliche Anziehungskraft eigen, macht es neugierig auf mehr, süchtig nach Neuem. Eine kurze Stichstraße führt in die flimmernde Dunstigkeit des Devils Golf Course, wo wir gebannt auf das merkwürdige Salzfeld hinausstarren.

Auf unser Auge wirkt das Areal weißgrauer spitzer Salzkristalltürmchen eines ehemaligen Sees seltsam abweisend und faszinierend zugleich, eine der bizarren Facetten dieses einzigartigen Tals. Wir können fast beschwören, dass, wenn niemand ihm zuschaut, in der Stille dieses harten, stoppeligen Terrains, des emporgehobenen Bodens der Unterwelt, der Teufel kichernd Golf spielt.

Nach der metaphysischen Stimmung des Devils Golf Course ein entspannenderes Bild am Artists Drive, einer kurzen Seitenstraße: an der sogenannten Artists Palette ziert malerisch buntes Gestein die Flanken graubrauner Wüstenhügel. Schwarz, türkisblau, smaragdgrün, gelbbraun, rötlich und rosa scheinen verschiedene Mineralienablagerungen durch.

Auf dem Golden Canyon Interpretive Trail wandern wir ein kurzes Stück in einen der Canyons hinein, sehen, wo die Erosionskräfte von Wind und Wasser noch heute am Werk sind. Bei Sonnenauf- und -untergang präsentiert sich die knitterige Schlucht von ihrer malerischsten Seite. Dann fahren wir weiter nordwärts. Rund um das Furnace Creek Visitor Center ist mit Borax-Museum, Postamt, Campingplatz, Tankstelle, Restaurant, Lodge, Geschäften und dem Flughafen ein touristisches Zentrum entstanden, das uns inmitten der sonnenverbrannten, schwerfälligen Einsamkeit des Death Valley wie ein hektisches Filmstudiostädtchen erscheint. Vielen Besuchern dient die Parkinformation als willkommene, klimatisierte Oase in der Wüste.

Von der Hauptstraße biegen wir zum Zabriskie Point ab. Der schönste Aussichtspunkt des Parks liefert am Abend Traumblicke auf die von der tief stehenden Sonne angeleuchteten zerklüfteten Hügel, die wie aus purem Gold gegossen erscheinen. Weiter südlich und sehr abgelegen, berauscht Dante's View die Sinne der Besucher, läutert die Landschaft ihre Seelen wie die visionäre Wanderung des sündigen Menschen durch Hölle, Fegefeuer und Himmel in der «Göttlichen Komödie» jenes italienischen Dichters. Sanfte Farben, grazile Wellenmuster, gerundete Formen, die sich zu ungeahnten Höhen aufschwingen, kontrastreich

Der Waschbär ist ein Ureinwohner Amerikas und wurde erst in den Dreißigerjahren des 20. Jh. in Europa eingebürgert

von spitzen Kammlinien ergänzt, über die der Wind immer neuen Sand treibt – die Sahara-ähnlichen Sanddünen bei Stovepipe Wells besitzen eine magische Anziehungskraft.
Unaufhörlich verändern sie ihr Gesicht, ruhelose Geister, die fast unmerklich für das menschliche Auge treiben, wohin der Wind sie weht. Was in ihrem Weg steht, wird verschluckt, oft sieht man noch die Zipfel der Yuccapflanzen aus dem Sand herausschauen.
Ein reicher, exzentrischer Geschäftsmann war Albert M. Johnson, der 1922 das bizarre Scotty's Castle im Grapevine Canyon des nördlichen Death Valley erwählt hatte, um fernab aller zivilisatorischen Sorgen eine Ferienranch zu errichten. Walter E. Scott, genannt «Death Valley Scotty», der spätere Namensgeber des Hauses, war ein Freund jenes die Einsamkeit liebenden Johnson, ein gern gesehener Gast, der Scotty's Castle nach Johnsons Ableben 1948 weitere sechs Jahre bewohnte. Westlich von Grapevine und Scotty's erinnert der Ubehebe Crater an die vulkanisch geprägte Vergangenheit des Parks.
Kurzinformation:
Das Furnace Creek Visitor Center im Zentrum des Parks ist via SR 178 und SR 190 zu erreichen.

Great Basin National Park

Einsam ragt das Massiv des Wheeler Peak aus der semiariden, salbeibedeckten Beckenlandschaft des östlichen Nevada empor. Sie ist ein Teil des Great Basin, des «Großen Beckens», in dem Bäche und Flüsse keinen natürlichen Abfluss finden, sondern in flache Salzseen, Marschen und Schlammlöcher münden, deren Wasser mit der Zeit in der trockenen Wüstenluft verdunstet. Im Great Basin, das fast ganz Nevada bedeckt und sich bis in die Nachbarstaaten Utah, Kalifornien und Oregon ausbreitet, trennen nordsüdwärts verlaufende schroffe Bergketten von Utahs Uinta Mountains bis zu Kaliforniens Sierra Nevada die einzelnen, breiten Beckenregionen voneinander.
Herbstlich gelbe Pappelwälder grüßen den Besucher am Fuße des 3982 Meter hohen Wheeler Peak, dem zweithöchsten Berg Nevadas und «Höhepunkt» dieser Beckenlandschaft in der südlichen Snake Range, der sich wie eine kühle, wasserreichere Insel über der ozeanhaften Weite des Großen Beckens erhebt, sich mit Wucht in subalpine bis alpine Höhen aufschwingt und unterhalb seines Gipfelbereiches sogar ein permanentes Eisfeld vorweist, eine Art Gletscher in der Wüste, der in dieser Form einmalig ist. Er ist ein Relikt der letzten Eiszeit von vor rund 15 000 Jahren, als alpine Gletscher die Gipfelregionen der Snake Range bedeckten.
Auf dem kurvenreichen Asphaltband des Wheeler Peak Scenic Drive, der auf 19 Kilometern über 1000 Höhenmeter erklimmt, schrauben wir uns über die Baumgrenze bis auf eine Höhe von 3000 Metern empor. Ab dort ersteigen wir den steinigen Berg auf einem acht Kilometer langen Wanderweg. Um den Lohn unserer Mühen gründlich auszukosten, nehmen wir uns einen Tag Zeit für den Ausflug und verweilen so lange Zeit wie möglich vor dem Gipfelpanorama, das weit über die Salbeisteppen des Umlandes reicht und den Inselcharakter des Parks deutlich unterstreicht. Frischer Wind treibt die Wolken in raschem Tempo über die Gipfelregionen, er erinnert daran, dass hier zu jeder Jahreszeit Schnee fallen kann und selbst im Sommer nächtliche Gefriertemperaturen nicht selten sind.
Um den Wheeler Peak hat in höheren Regionen dank des Wassers eine artenreiche Flora und Fauna Fuß gefasst, die in der heißen, trockenen Wüste nicht überstehen könnte. Dazu zählen die Bristlecone Pines, die man vom

Wheeler Peak Campground nach drei Kilometern Fußpfad erreicht, knorrige Grannenkiefern, deren kahles, bleiches Geäst sich seltsam verdreht und gewunden vor dem blauen Himmel abhebt. «Leben die Bäume denn noch?», lautet die häufigste Frage an die Ranger. Dem wenigen Grün zufolge, das die meisten Bristlecone Pines tragen, sieht es gar nicht danach aus, doch haben die zerrissenen Grannenkiefern, die zwischen 2800 und 3300 Höhenmetern an der Wind, Sonne und Wetter ausgesetzten Baumgrenze wachsen, gelegentlich bis zu viereinhalb aktive Jahrtausende auf dem Buckel. Theorien zufolge erreichen die Bäume ihr biblisches Alter nur dank der Unwirtlichkeit ihres Lebensraumes, den ihnen keine andere Pflanze und kein Tier streitig macht. Die in tieferen Regionen beheimateten Grannenkiefern werden nur einige hundert Jahre alt.

Von den Baumveteranen des Bristlecone Pine Forest führt der Wanderpfad weiter in höhere Regionen zum oben erwähnten Eisfeld. Unter den steilen Flanken des Wheeler Peak erstreckt sich die Lehman Cave. Der geschäftstüchtige Rancher Absalom Lehman, 1885 Entdecker der Höhle, ließ gegen eine Gebühr Touristen hinein. Er versprach ihnen sogar, sie zu suchen, wenn sie nicht zur vereinbarten Zeit vom Ausflug in die Unterwelt zurückkehrten. Mit ihren Stalagmiten und Stalaktiten, Säulen, Vorhängen und anderen phantasievollen Tropfsteingebilden, etwa wie der seinem essbaren Namensvetter wahrhaftig ähnelnde Cave Popcorn, entpuppt sich die Lehman Cave als ein Wunderwerk der Natur.

Auf einer unterhaltsam-informativen Ranger-Führung folgen wir dem knapp einen Kilometer langen asphaltierten Höhlenpfad in das illuminierte Berginnere – eine Tour von etwa ein bis eineinhalb Stunden Dauer. Auf die nur 10° Celsius aufweisende, feuchtkalte Höhle haben wir uns mit warmer Jacke und rutschfestem Schuhwerk eingerichtet.

Kurzinformation:
Das «Visitor Center» befindet sich am Parkeingang, am Ende der SR 488.

Joshua Tree National Park

Im grandiosen, glitzernden Wüstenland des Joshua Tree National Park im südöstlichen Kalifornien stoßen zwei Wüsten aufeinander, die Colorado-Wüste nimmt die östliche Parkhälfte und die Mojave-Wüste die westliche Parkhälfte ein. Dazwischen stehen aufrecht und markant die kapriziösen Joshua Trees aus der Yuccafamilie und eindrucksvolle Granitmonolithe.

Der Joshua Tree National Park ist das Land der klimatischen Extreme. Jetzt im Sommer sieht es graubraun und sonnenverbrannt aus. Dürrezeiten gehen einher mit den gelegentlichen «Blitzfluten» der Gewitterstürme. Die gnadenlose Hitze der Sommermittage wird wie in anderen Wüstenparks durch die vorherrschende Trockenheit erträglich, doch bleibt das Mitnehmen von Wasser stets von essentieller Bedeutung.

Sonnendurchglüht und von eigenartigem Reiz präsentiert sich die Colorado-Wüste, der niedrigere und trockenere Teil des Joshua Tree National Park, in dem Creosotebüsche und zahlreiche Kakteenarten wachsen und die Landschaftsformen unter einer imaginären Höhenlinie von 900 Metern liegen. Wir legen einen Abstecher zu den Palmen der Lost Palms Oasis ein. Die größte Palmengruppe des Parks ist nach einer 6,5 Kilometer langen Wanderung durch hochinteressantes Wüstenterrain zu erreichen. Oasen wie die Twentynine Palms und die Mara Oasis bilden neben den beiden Wüstenformen das dritte interessante Ökosystem des Parks. Wie feuchte, schattige Inseln in der erbarmungslosen Weite des Meeres gewähren sie Tieren, Pflanzen und auch dem Menschen Schutz vor den Entbehrungen der Wüste. Sie sind die einzigen Stellen der Wüste, wo natürliches Oberflächenwasser vorkommt, sie waren die ersten Anlaufpunkte von Viehzüchtern und Goldschürfern. Im Cholla Cactus Garden am westlichen Rand der Colorado-Wüste gedeihen vor allem Bigelow-Kakteen in großer Zahl, auch Ocotillos konzentrieren sich in diesem faszinierenden Kakteengarten. Ein kurzer Naturlehrpfad passiert unterschiedliche Kakteenarten und andere pflanzliche Wüstenbewohner. Eine Klapperschlange entflieht der heißen Sonne und sucht den geringen Schatten von Büschen und Steinen. Kein Mensch, kein Haus, kein Baum – weit schweift der Blick über ein immenses, zivilisationsloses Gebiet. Unweit von hier beginnt die Übergangszone zur Mojave-Wüste, in der Pflanzen und Tiere beider Wüsten einen gemeinsamen Lebensraum finden.

Die Mojave-Wüste ist, für den Nichtwissenschaftler kaum erkennbar, kühler und feuchter als ihr östliches Gegenstück. Sichtbare Veränderungen beim Übergang von der niedrigen zur hohen Wüste ergeben sich vor allem aus dem Vegetationswechsel. Joshua Trees (Yucca brevifolia), die Namensgeber des Parks, prägen die Hochwüste. Es sind merkwürdig struppige Bäume, bis zu neun Meter hoch, deren Zweige entfernt an Flaschenbürsten erinnern. Ihren Namen erhielten sie von den Mormonen, die gen Himmel gestreckten Zweige des Baumes erinnerten sie an den Propheten Josua, der die Israeliten in das Gelobte Land führte. Ein großartiges Bild, wenn sich die Silhouette eines Joshua Tree schwarz und abstrakt vor der feurrotglühenden Scheibe der untergehenden Sonne abhebt. Die Bäume sind Fokus einer vielfältigen, ineinander vernetzten Lebensgemeinschaft. In ihren Zweigen nisten Vögel, welche die Insekten auf seinem Stamm fressen. Von den Termiten, die vom Holz eines abgestorbenen Joshua Tree leben, ernähren sich die Yucca Night Lizards. Die Eidechsen verbringen ihr ganzes Leben auf dem Joshua Tree und dienen wiederum als Nahrung für Eulen und Schlangen.

Klapperschlange

Im nördlichen Teil des Joshua Tree National Park bietet sich ein Abstecher auf der 29 Kilometer langen Geology Tour Road an, die als Schotterstraße durch besonders schöne Abschnitte der Mojave-Wüste führt. Als von fast überirdischer Schönheit empfinden wir die sich bis zum Horizont erstreckenden welligen und kargen Landstriche. Die entrückende Grenzenlosigkeit der kalifornischen Wüste lässt uns Mitteleuropäer staunen und schaudern zugleich, sind wir doch Mauern und Grenzen, Häuser und Straßen gewohnt, die uns sagen, wo es langgeht und wo wir stehen bleiben müssen. Hilfsmittel dieser Art fehlen in dieser einzigartigen Landschaft vollkommen, einer Landschaft, die in ihrer Offenheit und Gleichgültigkeit dem Menschen gegenüber wie kaum eine andere die Freiheit des amerikanischen Westens verkörpert.

Durch das Queen Valley fahren wir in Richtung Ryan Mountain. 2,5 Kilometer lang ist der Gipfelweg. Mit seinen 1660 Meter Höhe bietet der Berg uns ein grandioses Panorama über den großräumigen Park, wir blicken in vier verschiedene Täler, Queen, Lost Horse,

Granitmonolithe und Felsenpflanzen

Hidden und Pleasant Valley. Südlich des Lost Horse Valley bietet der Keys View einen weiteren phantastischen Aussichtspunkt über die Wüste, die Täler und Berge von Joshua Tree. Herzstück des westlichen Parkteils ist das Hidden Valley, wo sich massive, helle Granitmonolithe in großen, ungeordneten Haufen pittoresk auftürmen, zwischen denen aberhunderte Joshua Trees stehen. In den Ritzen und Spalten der Felsen wachsen sensible kleine Pflanzen, die es nach möglichst viel Schatten und Feuchtigkeit an ihren Füßen verlangt. Einer der bunt gekleideten Felskletterer, die heute in der Wüste ihre modernen Leichtzelte aufstellen und sich an den «Rocks» sportlich betätigen, beschreibt die Form der einzelnen Felsen als große «Knetgummihügel». Ihre Oberfläche ist bei näherem Hinsehen rauh und körnig wie Popcorn, eine gute Reibungsfläche für die glatten Gummisohlen der Kletterschuhe.

Nur wenige Goldsucher sind reich geworden

Nach Regen rollen sich Wildblumenteppiche aus

Im 19. Jahrhundert wurden die Täler von den Cowboys, die hier nach neuen Weidegründen suchten, als nächtliche Camps genutzt, und sie haben sich in ihrer monumentalen Unzugänglichkeit als legendäres Versteck gerissener Viehdiebe bewährt. Hier schlugen Goldsucher ihre Lager auf, die, nicht nur von der Sonne geblendet, die Erde von Joshua Tree auf der Suche nach dem begehrten Edelmetall durchwühlten. Über einen 2,5 Kilometer langen Weg wandern wir hinüber zur Lost Horse Mine, einer verfallenen Goldmine, die an diese bewegte Zeit des 19. Jahrhunderts erinnert, als Menschen selbst in die so ruhig und zeitlos erscheinenden Gefilde der Mojave-Wüste drängten.

Um 1930 kamen Siedler in die Mojave-Wüste, um einem Stück unbeanspruchten Niemandslandes unter diesem prächtigen blauen Himmel Kaliforniens neues und «nützlicheres» Leben einzuhauchen. Man musste ja offensichtlich nur für die Bewässerung sorgen, um die bei Trockenheit verdörrte, oft schläfrige, geduldig auf Regen wartende Wüstenvegetation zu frischem Leben zu erwecken. Dank des Wassers rollten sich nicht nur Teppiche voller Wildblumen aus, wo die Samen des Vorjahres unbemerkt auf nacktem Boden schlummerten, es gediehen eine Zeit lang auch Getreide und Gemüse. Bereits um die Jahrhundertwende hatte der Barker Dam das Aufstauen eines nützlichen Wasserreservoirs erlaubt, mit dem Viehzüchter ihre durstigen Rinder tränkten, Minenarbeiter Stollen und Tunnelgänge freispülten und nun die Siedler ihre Felder bewässerten. Heute bietet der regengespeiste kleine See nur noch dem Wild des Parks das notwendige Nass, die Farmer sind weggezogen, die Wüsten so trocken wie eh und je.

Kurzinformation:

Am Südeingang des Parks befindet sich das Cottonwood Visitor Center (nahe Interstate 10), am Nordeingang das Oasis Visitor Center (Twentynine Palms Highway).

Nächstes Textkapitel Seite 161

Minerva Terrace in den Mammoth Hot Springs. Yellowstone National Park, Wyoming

Himmlisches Nachglühen über dem Norris Geyser Basin. Yellowstone National Park, Wyoming

Jackson Lake mit der Teton-Kette. Grand Teton National Park, Wyoming

Utah: Balanced Rock (oben) im Arches National Park und Great White Throne im Zion National Park

nächste Doppelseite: *Eine der unzähligen heißen Quellen des Upper Geyser Basin. Yellowstone National Park*

übernächste Doppelseite: *Die nicht alltägliche Ansicht des Delicate Arch im Arches National Park*

Grand Teton Range und Jackson Lake. Grand Teton National Park, Wyoming

West Thumb Geyser Basin auf dem Yellowstone Lake, Wyoming

nächste Doppelseite: *Lower Falls im Grand Canyon des Yellowstone National Park*

übernächste Doppelseite: *Dickhornschafe im Rocky Mountain National Park, Colorado*

Verwitterte Wuchsformen im Rocky Mountain National Park, Colorado

Trail Ridge Road im Rocky Mountain National Park

Versteinerter und von der Natur zersägter Stamm im Petrified Forest National Park, Arizona

Ausgewaschene Sedimentslandschaft im Badlands National Park, South Dakota

Klippenbehausungen im Mesa Verde National Park, Colorado

Nationalparks im Osten

Acadia National Park

Im einzigen Nationalpark der Neuengland-Staaten treffen kahlhäuptige Granitberge und dunkle Wälder auf wild zerrissene Buchten, alles überragt vom höchsten Berg der gesamten Atlantikküste, dem 466 Meter hohen Cadillac Mountain. Der Acadia National Park nimmt einen Großteil der Insel Mount Desert Island ein. Lang und tief zerschneidet der Somes Sound, der einzige Fjord der amerikanischen Ostküste, den Park in annähernd zwei gleich große Hälften.

Bereits im ausgehenden 19. Jahrhundert erlebte Mount Desert Island, die 1604 der französische Erforscher Samuel de Champlain treffend «l'sle des Monts-déserts» («Insel der einsamen, kahlen Berge») genannt hatte, den ersten touristischen Boom. Reiche Familien aus den Großstädten der Ostküste erbauten an der Steilküste herrschaftliche Villen, die sie «Cottages» nannten. Ein Teil dieser so schlicht als «Ferienhäuser» bezeichneten Bauten fiel den verheerenden Waldbränden von 1947 zum Opfer. Acadia, das unter der Feuersbrunst schwer gelitten hatte, stand seinerzeit bereits 28 Jahre lang als erster Nationalpark östlich des Mississippi unter Naturschutz.

32 Kilometer lang führt uns die Park Loop Road durch den Ostteil der Mount Desert Island. Größtenteils verläuft sie als Einbahnstraße, im Uhrzeigersinn entlang der wildromantischen Felsenküste, wobei die rechte Spur auch zum Anhalten gedacht ist. Hinter jeder Kurve warten neue phantastische Aussichtspunkte, neue Fotomotive auf den Betrachter.

Während in den Vormittagsstunden oft noch Nebelschwaden der steilen Felsküste ein reizvolles Flair verleihen, bleibt die Straße nachmittags und abends meist nebelfrei. Nach dem schönen Panorama am Schooner Head Overlook geht es auf einem hübschen Spaziergang erstmals hinunter an den Strand. An einer tief eingeschnittenen Bucht liegt mit dem Sand Beach der einzige Meeresbadestrand Acadias. Sein kaltes Wasser lockt jedoch nur vereinzelte Schwimmer in die Fluten.

Wir halten oberhalb des Thunder Hole und marschieren die Treppenstufen hinab zum Meer. In der engen Felskluft erzeugen die bei Flut mit enormer Wucht aufschlagenden Wellen einen lauten Widerhall. Von den ausgesetzten Felsklippen am Otter Point, einer ausgesetzten Landspitze mit prächtiger Fernsicht über die Küste, windet sich das Asphaltband der Park Loop Road weiter um die Otter Cove zur nächsten Landspitze. Wunderschöne große, glatt polierte Kiesel markieren den Little Hunters Beach. Anschließend zieht es uns landeinwärts zum Jordan Pond House, einem allseits beliebten Stop zur Kaffeepause.

Einen unvergleichlichen Schlusspunkt der Park Loop Road setzt die attraktive Stichstraße auf den Cadillac Mountain, den höchsten Berg der Atlantikküste. Auf dem granitenen Gipfelplateau genießen wir einen prächtigen 360-Grad-Panoramablick über Mount Desert Island sowie die Buchten und Inseln der Frenchman Bay, als die letzten Sonnenstrahlen eines unvergleichlich spektakulären Sonnenuntergangs die Landschaft zum Leuchten bringen. Es ist windig hier oben auf dem Dach des Acadia National Park.

Den östlichen Inselteil durchziehen insgesamt 92 Kilometer Carriage Roads, ein phantastisches Netz von Fahrrad- und Wanderwegen, auf denen motorisierte Fahrzeuge keine Zufahrt haben. An ihren Kreuzungen mit der Park Loop Road bieten 16 Granit- und Kopfsteinpflasterbrücken hübsche Fotomotive. Die seinerzeit ausschließlich als Reit- und Kutschenwege gedachten Carriage Roads wurden auf Initiative und mit finanzieller Unterstützung durch John D. Rockefeller errichtet, der in der

Epoche der aufkeimenden Motorisierung den Kern der Insel auch zu seinem eigenen Vergnügen autofrei halten wollte.
Etwas ruhiger und auch ein wenig niedriger als der Ostteil, dafür von reizvollen Wanderwegen durchzogen, präsentiert sich der Westteil von Mount Desert Island. 3,5 Kilometer folgen wir dem über Stock und Stein verlaufenden Pfad auf den Acadia Mountain (208 Meter), wo wir das herrliche Panorama eines silbergrau glänzenden Somes Sound genießen und den unaufhaltsam über den Himmel rasenden Wolken nachsehen. In jeder Himmelsrichtung scheint sich ein anderes Wettergeschehen abzuspielen. Später folgen wir dem Ship Harbor Nature Trail, einem schönen einstündigen Naturlehrpfad zum Meeresufer. Zum Sonnenuntergang legen wir noch einen romantischen Abstecher zum felsigen Bass Harbor Head ein, dem Leuchtturm am äußersten Südzipfel der Insel. Zum Baden bietet der geschützte Echo Lake zwischen den Bergen im Inland deutlich wärmeres Wasser als die oben erwähnte Sand Beach.
Kurzinformation:
Das «Visitor Center» des Acadia National Park befindet sich am Beginn der Park Loop Road, nördlich von Bar Harbor.

Shenandoah National Park

Der lang gestreckte, schmale Shenandoah National Park im Norden Virginias liegt auf dem Kamm der Blue Ridge Mountains, in die sich von Osten und Westen tiefe Flussschluchten eingegraben haben. 169 Kilometer lang verläuft der kurvenreiche Skyline Drive auf der Kammlinie der Blue Ridge Mountains, durchzieht den National Park in seiner vollen Länge, stets mit Aussicht auf den Flickenteppich aus Ortschaften, Feldern und Wäldern tief unten im Tal. Oft zeichnet ein Dunstschleier über dem Tal alle harten Linien in der Landschaft weich nach, während sich an den Berghängen Nebelwolken festkrallen.
Ab April und Mai sprießen zahlreiche Wildblumen, im späten Mai und Juni blühen Azaleen und Berglorbeer. Die Blütezeit variiert je nach Witterungsbedingungen und Höhenlage. Nebst dem Sommer läutet die farbenprächtige Herbstlaubfärbung (Fall Foliage) zwischen Mitte und Ende Oktober zur zweiten Hochsaison ein. In den bewaldeten Bergen finden zahlreiche Tiere, darunter auch Schwarzbären, ein gutes Auskommen. Wildbeobachtungen in Straßennähe fallen vorwiegend in die morgendlichen und abendlichen Dämmerungsstunden.
Shenandoah, «Tochter der Sterne» nannten die frühen Indianer die hoch aus dem Tal emporragenden Berge respektvoll. Dem Ansturm der weißen Siedler konnte die empfindliche Bergökologie allerdings nicht lange standhalten. Relativ schnell waren große Teile des Waldes abgeholzt, die Wildtiere verschwunden und die dünne Humusschicht ausgelaugt.
Als 1935 der Shenandoah National Park entstand, sollte er ein von Menschen ausgelaugtes Bergland renaturieren. Besiedelte und bewirtschaftete Areale wurden weitgehend in ihren ursprünglichen Zustand zurückversetzt. 1939 war der zweispurige Skyline Drive fertiggestellt. Nach sechs Jahrzehnten hat sich die Natur des Shenandoah National Park weitgehend regeneriert, zwei Drittel der Nationalparkfläche sind als Wildnis wieder ein wichtiges Rückzugsgebiet für Tiere geworden. Die Fahrt auf der Kammstraße zwischen Front Royal im Norden und Waynesboro im Süden verlangt wegen der zahlreichen Aussichtspunkte ausreichend Zeit.
Fünf Kilometer hinter dem nördlichen Parkeingang gewährt der Shenandoah Valley Over-

look einen Blick über das Tal zum Signal Knob, einem aus der Zeit des Bürgerkrieges stammenden Kommunikationsposten auf dem Massanutten Mountain. Allmählich steigt die Parkstraße auf über 1000 Meter Meereshöhe an und bietet aus luftiger Höhe des Hogback Overlook das beeindruckende Panorama des mäandernden Shenandoah River. Das nördliche Parkdrittel endet am Thornton Gap, wo ein Pfad zum 370 Meter oberhalb liegenden Marys Rocks führt, auf dem uns eine exzellente Rundsicht erwartet.
Mit 1122 Metern ist Skyland der höchste Punkt auf dem Skyline Drive. Nur wenig später beginnt der vier Kilometer lange Whiteoak Canyon Trail zu den sechs Wasserfällen des malerischen Whiteoak Canyon.
Besonders fotogen stürzt sich der erste Wasserfall über zahlreiche Kaskaden abwärts. Unterwegs erlaubt der Weg einen Blick auf die großen, 300- bis 400-jährigen Hemlocktannen der Limberlost Area. Der ab Skyland sanft ansteigende ein Kilometer lange Stony Man Mountain Trail endet auf dem Stony Man, dem zweithöchsten Berg (1222 Meter) des Nationalparks. Etwas weiter südlich führen von der Hawksbill Gap Parking Area Wanderwege zum Gipfel des Hawksbill Mountain, dem mit 1250 Metern höchsten Berg des Parks, auf dem seltene Rotfichten und Balsamtannen wachsen.

Virginia-Hirsch

Durch menschliche Einflüsse blieben die weitläufigen Big Meadows, die größte Wiesenlandschaft des Parks, weitgehend baumfrei. Seit der Etablierung strenger Naturschutzbestimmungen erobern sich Bäume und Sträucher das verloren gegangene Terrain allmählich wieder zurück.
So werden die Big Meadows zum Teil noch heute durch die National Park Rangers von Baumbewuchs freigehalten, um stellenweise die ganz eigenständige, durch Menschenhand geschaffene Ökologie zu erhalten. Besonders in den ruhigen Morgen- und Abendstunden erweisen sich die Wiesen als idealer Platz für Tierbeobachtungen. Unweit der Big Meadows wandern wir auf dem ein Kilometer langen Pfad zu den pittoresken Dark Hollow Falls.
Von allen Wasserfällen des Parks liegen die 20 Meter hinabstürzenden Fälle dem Skyline Drive am nächsten und sind mit dem Schmelzwasser des Frühjahrs am schönsten. Acht Kilometer weiter beginnt der kurze Bearfence Mountain Trail, wo uns ein prachtvolles Rundpanorama für den steinigen Aufstieg belohnt. Auf seiner Route zwischen Georgia und Maine führt der 3450 Kilometer lange Appalachian Trail durch den Shenandoah National Park weitgehend parallel zum Skyline Drive. Der bekannteste Fernwanderweg Amerikas kreuzt die Straße insgesamt 32-mal und bietet damit exzellente Möglichkeiten zu kürzeren Spaziergängen.

Kurzinformation:

Der Shenandoah National Park im Staat Virginia besitzt das Dikey Ridge Visitor Center (Meile 4,6) und das Byrd Visitor Center/Big Meadows (Meile 51).

Great Smoky Mountains National Park

Ein charakteristisch bläulich schimmernder, rauchartiger Dunstschleier, der sich in schwungvollen Wellen bis zum Horizont erstreckt, gab den «smoky mountains», den «rauchigen Bergen» und dem Nationalpark, ihren Namen. Weite, unverbaute Fernsichten, dichter Wald und klare Flüsse zählen zu den weiteren Merkmalen des schönen Parks an der Grenzlinie zwischen den Bundesstaaten Tennessee und North Carolina.

Der Great Smoky Mountains National Park ist der meistbesuchte Nationalpark in den USA. Neben der Sommerreisezeit steigen die Besucherzahlen zur prachtvollen Herbstlaubfärbung (Fall Foliage) noch einmal deutlich an. An wunderschön sonnigen, warmen und trockenen Oktobertagen erstrahlt hinter jeder Kuppe ein neues Panorama leuchtend bunter Bäume mit Farbkompositionen von Braun- und Grüntönen über strahlendes Gelb bis hin zu feurigem Rot.

Auf 50 Kilometern verbindet die Newfound Gap Road, eine kurvenreiche Passstraße (Highway 441), das südlich des Parks in North Carolina gelegene Cherokee mit Gatlinburg in Tennessee auf der Nordseite des Parks. Die populäre Straße ist Ausgangspunkt schöner Wanderwege.

Drei Kilometer wandern wir von der Passstraße auf einem bequemen Pfad zu den Chimney Tops hinauf. Die letzten hundert Meter vor dem Gipfel geht es entweder direkt über einen Steilaufstieg oder bequemer an der Seite über Serpentinen hoch. Von den lang gestreckten Felsklippen schweift der Blick über die unberührten Wald- und Berglandschaften des Great Smoky Mountains National Park. Ebenfalls von der Passstraße führt ein neun Kilometer langer Wanderweg auf den 2010 Meter hohen Mount LeConte, wo sich in aussichtsreicher Umgebung die einzige bewirtschaftete Berghütte des Parks befindet.

Von einer Stichstraße, ausgehend vom Newfound Gap, sind es nur wenige Minuten zu Fuß zum Aussichtsturm auf dem Gipfel des Clingmans Dome (2025 Meter), dem höchsten Berg des Parks und zugleich dem höchsten Punkt auf dem 3450 Kilometer langen Appalachian Trail. Der berühmteste Fernwanderweg Amerikas, der auf dem Springer Mountain in Georgia beginnt, streift innerhalb des Great Smoky Mountain National Park Tennessee und North Carolina und durchquert zwölf weitere Bundesstaaten entlang des Appalachenhauptkamms, bevor er auf dem Mount Katahdin im fernen Maine endet.

Ein attraktives Teilstück des Appalachian Trail beginnt an der Passstraße am Newfound Gap und führt rund fünf Kilometer nach Osten zu einem schönen Aussichtspunkt an der Icewater-Spring-Unterstandshütte. Rund 500 der relativ scheuen Schwarzbären stromern durch das dicht bewaldete Hinterland. Auf längeren

In diesem Nationalpark gibt es bärensichere Unterkunftshütten

Unternehmungen mit Zelt und Rucksack muss für bärensichere Unterbringung der Nahrungsmittel gesorgt werden. Es gibt auch Unterkunftshütten, in denen Wanderer samt lockender Verpflegungsvorräte bärensicher «hinter Gittern» schlafen.

Neben der weiten Natur sind auch Spuren menschlicher Besiedlung im Nationalpark von Bedeutung. Cades Cove – mit Parkinformation, Reitstall und historischen Gebäuden – im isolierten Tal des Abrams Creek wurde bereits ab 1818 besiedelt. Entlang der 18 Kilometer langen Rundfahrtstrecke durch das Tal erfahren wir an 19 markierten Stops mehr zur regionalen Siedlungsgeschichte.

Höhepunkte unterwegs sind die Cable Mill, eine alte Wassermühle, die noch heute Mais mahlt, sowie Vorführungen althergebrachter Tätigkeiten wie die Herstellung von Butter, Seife und Zucker.

Oconaluftee im Süden des Parks wurde bereits um 1800 besiedelt. Das Mountain Farm Museum neben dem Oconaluftee Visitor Center ist eine detailgetreu rekonstruierte Farm des 19. Jahrhunderts, auf der verschiedene traditionelle Handwerkstechniken demonstriert werden. Nicht weit davon entfernt, dreht das Wasserrad der Mingus Mill, neben der Cable Mill die zweite noch aktive Wassermühle des Parks, unentwegt seine Runden.

Kurzinformation:

Das Oconaluftee Visitor Center befindet sich am Südeingang des Parks, das Sugarlands Visitor Center am Nordeingang und das Cades Cove Center im Westen des Parks.

Everglades National Park

Der Everglades National Park bedeckt die Südspitze Floridas. Er ist durch den 200 Kilometer langen, 60 bis 80 Kilometer breiten und höchstens 60 Zentimeter tiefen Shark River Slough geprägt. Mit einem Gefälle von durchschnittlich drei Zentimetern auf einen Kilometer schiebt sich das Wasser im Schneckentempo von Norden nach Süden durch das tischebene, grasüberwachsene Flachland, in dem kein Punkt höher als 2,5 Meter über dem Meeresspiegel liegt.

Der Shark River Slough wird treffend als «Fluss aus Gras» oder in der indianischen Sprache mit «Pa-hay-okee» (gräsernes Wasser) bezeichnet. Mit 6100 Quadratkilometern sind die Everglades nach dem Yellowstone der zweitgrößte Nationalpark der USA außerhalb Alaskas. Doch trotz dieser immensen Größe kann das Ökosystem Everglades im dicht besiedelten Florida selbst als geschützter Park nicht ohne geregelten, sauberen Wasserzustrom von außen überleben.

Der Wasserzufluss in den Park ist schon längst nicht mehr ungehindert. Zahlreiche Pumpen, Kanäle, Überlaufrinnen und Bachdurchlässe, die am Tamiami Trail, der Verbindungsstraße von der Ost- zur Westküste, besonders gut erkennbar sind, beeinflussen Laufrichtung und Fließmenge des Wassers, die sich dem natürlichen Jahreszyklus aus winterlicher Trocken- und sommerlicher Regenzeit, in der 80 Prozent der jährlichen Niederschlagsmenge fallen, anpassen.

Trotz des geringen Höhenunterschieds von nur einem Meter zum Umland beherbergen Hammocks (Bauminseln, vom indianischen Wort «hammocka» – Gartenplatz) eine völlig unterschiedliche Tier- und Pflanzenwelt. Bäume, Schlingpflanzen, zauberhafte Orchideen und zarte Farne wuchern auf diesen ökologischen Eilanden in einem urtümlichen Durcheinander. Mit ihrem dunkelgrünen Bewuchs wirken sie im «River of Grass» wie angeschwemmte Inseln aus fernen Wäldern. Selbst im trockeneren Winter bleiben die Hammocks relativ

feucht und unanfällig gegen gelegentliche großflächige Grasbrände.
Prägendes Merkmal der Everglades sind auch die undurchdringlichen Mangrovenwälder im Küstenbereich der Florida Bay und des Golfs von Mexiko. Sie spielen eine essentielle Rolle im ökologischen Haushalt des Parks. Ihre hohen Stelzwurzeln schützen die Küste vor Wind und Wellen und verringern mögliche Hurrikanschäden. Die natürlichen Brutstätten der Mangroven leisten einen bedeutenden Beitrag zur Schaffung neuen Lebens, hier liegt die Kinderstube von Vögeln und Fischen.
Das Labyrinth der Mangroveninseln und die Seen und Wasserläufe des Inlandes beherbergen die Nistplätze zahlreicher Vogelarten, darunter weiße und braune Pelikane, Löffelreiher, Weißkopfseeadler und Fischadler. Der Fischreichtum und die Abgeschiedenheit der Everglades haben zu einem unvergleichlichen Artenreichtum geführt, der sich zusehends mehr menschlichen Einflüssen und kontroversen Interessen ausgesetzt sieht.
Alligatoren sind die bekanntesten Bewohner der Everglades. Wegen ihrer Haut wurden sie fast ausgerottet, stehen aber seit 1967 unter Schutz. Mittlerweile haben sie sich wieder fleißig vermehrt und sind in den Everglades allgegenwärtig. Alligatoren haben sich dem Leben im Wasser optimal angepasst. Wie ein Ruder wirkt der dicke, kräftige Schwanz. Unter Wasser atmen die Tiere nicht, sie können aber weit über eine halbe Stunde tauchen. Im regenreichen Sommer verlassen sie ihre gegrabenen Wasserlöcher, die «Gator Holes» und entziehen sich dem menschlichen Auge ins wasserüberflutete Hinterland. Zur winterlichen Trockenzeit halten sich Alligatoren bevorzugt in Wassergräben und Tümpeln auf und lassen sich dabei oft entlang von Straßen und Wegen gut beobachten. Oft liegen die kaltblütigen Tiere tagsüber am Ufer, um die lebensnotwendige Sonne zu tanken, scheinbar steif und regungslos. Doch die so träge wirkenden Alligatoren erreichen über Land beachtliche Sprintgeschwindigkeiten. Vorwiegend ernähren sich Alligatoren von Kleingetier wie Fröschen, Schlangen, Fischen, Schildkröten und Vögeln, doch bei passender Gelegenheit verschmähen sie auch größere Opfer nicht.
Wo sich Süß- und Salzwasser in der mit tausenden von Mangroveninseln besetzten Florida Bay miteinander vermischen, liegt die einzig verbliebene Heimat der überaus seltenen amerikanischen Krokodile. Als vorderstes Unterscheidungsmerkmal gilt das schmale, spitz zulaufende Maul, das bei Alligatoren breit und stumpf ausläuft.
Durch den Einfluss der gemäßigten als auch der tropischen Zone sprießen in den subtropischen Everglades sowohl Tier- und Pflanzenarten zweier Klimazonen und verschmelzen zu einem einzigartigen Lebensraum. Cape Sable am Südwesteck der Everglades ist der südlichste Festlandpunkt der kontinentalen US-Bundesstaaten. Während dort einerseits Mangrovenwälder wachsen, gedeihen in der trockeneren Küstenprärie sogar Kakteen und Sukkulen-

Alligator

ten. An den muschelübersäten Stränden legen Seeschildkröten ihre Eier ab.

Am Royal Palm Visitor Center wächst die größte Anzahl Königspalmen im Park. Die Parkinformation ist Ausgangspunkt für zwei sehr schöne, kurze Naturlehrpfade, den Anhinga Trail und dem Gumbo Limbo Trail. Den ersten küren wir zu einem der lohnenswertesten Wanderwege des gesamten Parks, er besteht aus einem Holzsteg über den mit meterhohem Schilf und anderen hohen Gräsern bewachsenen, fast stillstehenden Taylor Slough, dem kleineren der beiden Marschflüsse in den Everglades. In den Wintermonaten dient das Gewässer als Frischwasserreservoir für Pflanzen und Tiere und bietet die besten Chancen, Alligatoren, Schildkröten, Anhingas und andere Tierarten aus der Nähe zu sehen. Von einer kleinen Holzbrücke schauen wir einem ausgewachsenen Alligator genau auf seinen Echsenrücken, und auf der anderen Seite des Weges tummeln sich zwei großäugige Alligatorenbabies auf der Uferböschung.

Der Gumbo Limbo Trail schlängelt sich durch die tropische Pflanzenwelt des Paradise Key Hammock. Wegen ihrer roten, sich ständig abschälenden Rinde werden die auffälligen Gumbo-Limbo-Bäume aus der Familie der tropischen Balsambaumgewächse auch spöttisch «Touristenbäume» genannt.

Neun Kilometer westlich des Parkeingangs bietet die Long Pine Key Area Zugang zu einem ausgedehnten Wanderwegnetz, das eine reichhaltige Flora, darunter endemische Pflanzenarten der Everglades, gedeihen lässt. Hier zeigen sich die Everglades von einer anderen Seite, ausgedehnte Kiefernwälder dominieren.

Wenig später erreichen wir den knapp einen Kilometer langen Pinelands Trail, der uns ebenfalls durch ausgedehnte Kiefern- sowie Palmenbestände führt. Entlang des Weges tritt der den Everglades unterliegende poröse, schnell erodierende Miami-Kalkstein in bizarren, scharfkantigen Formen an die Erdoberfläche, erhebt sich am Rock Reef Pass zu einem bis zu einen Meter hohen Kalksteinkamm. Geprägt wird die Umgebung des «Passes» durch den zwergenhaften Wald der Bald Cypresses, der kaum mehr als einen Meter Höhe erreicht. Trotz ihrer gedrungenen Größe können die Bäume schon über hundert Jahre alt sein. Da sie im Winter ihre Blätter verlieren, wirken die hellen Stämme wie abgestorben. Die zwergenhaften Bäume gehören überraschenderweise zur Familie der kalifornischen Redwoods, die zu den höchsten Bäumen der Welt zählen.

Am Ende des knapp einen halben Kilometer langen Weges durch dichten tropischen Wald bietet uns der Aussichtsturm am Pa-Hay-Okee Overlook einen guten Überblick über die typischen Landschaftsformen der Everglades. Inmitten der flachen, zum Teil überfluteten Grasprärien sehen wir Zypressen und die typischen Hartholz-Hammocks.

Der Mahogany Hammock, 31 Kilometer westlich des Parkeingangs, beherbergt auf seiner Bauminsel seltene Palmenarten, exotisch-bunte Baumschnecken und den größten Mahagonibaum der USA. Entlang des 800 Meter langen Holzstegs fallen uns besonders die «Stranglers Figs» auf, tropische Würgefeigen, die ihren Wirtsbäumen schrittweise alle lebensnotwendigen Nährstoffe entziehen.

Exzellent ist der ein Kilometer lange West Lake Trail durch die beeindruckende Mangroven-

Hütte der Seminolen in Florida. Die Seminolen sind eine Volksmischung verschiedener Ureinwohnerstämme und geflüchteter afrikanischer Sklaven

vegetation des gleichnamigen Sees, dessen Brackwasser vier verschiedenen Gattungen der hochwurzeligen Bäume ideale Lebensverhältnisse bietet. Bei Flamingo, das bereits 1893 als Fischerdorf entstand, endet die Parkstraße. Die Seen Mrazek Pond, Coot Bay Pond und Eco Pond, unweit der Straße am Flamingo Visitor Center, gelten als einige der besten Vogelbeobachtungsplätze weit und breit. Vor allem bei niedrigem Wasserstand im Winter, wenn die Tiere von der Futterkonzentration in den Seen angelockt werden, bieten sich exzellente Fotomotive. Dagegen sind im Sommer Mücken allgegenwärtig und extrem angriffslustig, ein guter Moskitospray ist von Juni bis Oktober unbedingt erforderlich.

Zugang zum Nationalpark besteht ebenfalls vom Tamiami Trail. Ausschließlich Tramtouren, Radfahrern und Fußgängern freigegeben ist die Straße des Shark Valley, die 24 Kilometer lange Rundstrecke zum Aussichtsturm. Die geführten, zweistündigen Tramtouren mit interessanten Vorträgen über die Flora und Fauna und die Ökologie der Everglades starten am Shark Valley Information Center.

Unterwegs sehen wir mehrere Alligatoren in den Wasserlöchern und auf den Uferbänken in der Sonne sowie ihre Nester, niedrige Hügel aus Stöcken und Blättern. Auch Otter, Schildkröten, Schlangen und die seltenen Waldstörche fühlen sich im Shark Valley zu Hause. Am Scheitelpunkt der Strecke besteigen wir über die weitläufig geschwungene Rampe über 20 Meter hohen Aussichtsturm mit unbegrenzter Sicht auf den mit vereinzelten Bauminseln durchsetzten Shark River Slough. Von Everglades City führt uns eine lohnenswerte Bootstour in den «10 000-Inseln-Teil» des Parks. Trotz des Namens besteht die Inselwelt aus mindestens 14 000, größtenteils kleinsten Mangroveninseln. Das eine oder andere Mal sehen wir Weißkopfseeadler, Kormorane und Fischadler fotogen in den Baumwipfeln hocken, während gelegentlich die glänzenden Körper flinker Delphine neben dem Tourboot durch die Lüfte schnellen.

Kurzinformation:

Der Everglades National Park besitzt drei Parkinformationen: das Main Visitor Center bei Homestead, das Royal Palm Visitor Center und das Flamingo Visitor Center.

Biscayne National Park

Der Biscayne National Park besteht aus einer von Key Biscayne bis Key Largo reichenden Inselkette aus 44 einzelnen Keys (von «cayos»,

Delphin

spanisch für «kleine Inseln») und der einmaligen Unterwasserlandschaft eines riesigen Korallenriffs. Dieser nördliche Abschnitt des einzigen lebenden Korallenriffs der USA befindet sich auf der Atlantikseite der Inselkette.

Konstante Wassertemperaturen über 20° Celsius und Meerestiefen zwischen drei und 18 Metern schaffen ideale Lebensbedingungen für das aus abermillionen von winzigen Polypen gebildete Riff, das über 200 tropisch bunte Fischarten sowie Barrakudas, Seeschildkröten, Rochen und Ammenhaie beheimatet. In den äußeren Riffen trotzen die kräftigsten Korallen dem bisweilen stürmischen Ozean. Ihre zarteren Verwandten, die Fächerkorallen, Schwämme und Gehirnkorallen, bevorzugen das ruhige, klare Wasser der Bucht.

Den schmalen Festlandteil des Nationalparks nimmt lediglich ein kleiner mangrovenbewachsener Küstenstreifen bei Homestead ein. Mit dem Auto erreicht man die Parkinformation und Bootseinlassstelle am Convoy Point. Von dort aus starten dreistündige Ausflüge mit Glasbodenbooten zwischen Inseln und Mangrovendickichten hindurch zu den Korallenriffen der südlichen Biscayne Bay sowie Tauch- und Schnorcheltrips. Durch das Glasfenster beobachten wir unablässig Fischschwärme, auf dem sandigen Meeresgrund ruhende Ammenhaie und zarte Korallen in ihrem natürlichen Lebensraum.

Größte Insel im Park ist die lang gezogene Elliott Key mit einem kleinen Badestrand und einer Parkinformation. Der kurze Holzsteg östlich der Parkinformation führt zu einem Wanderweg durch einen tropischen Hammock mit Gumbo-Limbo-Bäumen, seltenen Kletterpflanzen und Mahagonibäumen, ähnlich den Bauminseln der Everglades. Ein weiterer Weg folgt der elf Kilometer langen ehemaligen Straße über die gesamte Insel.

Kurzinformation:

Auf dem Landteil des Parks gibt es das Convoy Point Visitor Center, auf den Inseln das Elliott Key Visitor Center und das Adams Key Visitor Center.

Dry Tortugas National Park

Der Dry Tortugas National Park, der jüngste Nationalpark Floridas, liegt 110 Kilometer westlich von Key West, wo das sechseckige Fort Jefferson scheinbar unvermittelt aus dem Meer aufsteigt und fast die gesamte Insel Garden Key einnimmt. Wasserflugzeuge transportieren Besucher in einer Dreiviertelstunde über reizvolle Korallenriffe und Schiffswracks hinweg zum rötlich schimmernden Bollwerk, das inmitten des blaugrünen seichten Gewässers ein imposantes Luftbild darbietet. Noch weitere sechs kleine Inseln zählen zum Nationalpark, darunter Loggerhead Key mit dem 1856 erbauten Leuchtturm am westlichsten Ende Floridas. Mit ihrem klaren, warmen Wasser und der unglaublich vielfältigen Unterwasserflora und -fauna sind die Dry Tortugas ein populäres Taucher- und Schnorchlerziel.

Der spanische Erforscher Ponce de Léon entdeckte 1513 die Inselgruppe und taufte sie wegen der zahlreichen Schildkröten «Las Tortugas» («die Schildkröten»). Später wurde der Name auf Dry (trockene) Tortugas erweitert, weil auf den westlichsten Ausläufern der Keys kein Frischwasser existierte.

1846 errichteten die USA das Fort als strategisch wichtigen Kontrollpunkt am Eingang zum Golf von Mexiko. Die Festung, eine der größten ihrer Art, besitzt bis zu 2,5 Meter breite und 15 Meter hohe Ziegelsteinmauern. Im Inneren des trutzigen Gemäuers künden heute die Grundmauern der Soldaten- und Offiziersquartiere von seiner Blütezeit, als das Fort mit 1000 Soldaten und 400 Kanonen besetzt war.

Fregattvogel

Während des Bürgerkriegs unterstand die Befestigungsanlage im Konföderiertenstaat Florida der Unionsarmee, die jedoch keinen Schuss aus Fort Jeffersen abfeuerte. Später diente die Bastion als Gefängnis.

Erst 1993 wurden die Dry Tortugas zum Nationalpark erklärt. In ihrer friedvollen Abgeschiedenheit und ihrem Überangebot an frischem Fisch sind die Dry Tortugas ein Vogelparadies. Riesige Fregattvögel halten sich besonders im November auf den Inseln auf. Ab Anfang April nisten tausende von Seeschwalben auf ihrer Migration aus Westafrika auf Bush Key, der exklusiven Vogelinsel, 200 Meter östlich von Fort Jefferson. Sie legen jeweils nur ein einziges Ei, das die Eltern abwechselnd vor der heißen Sonne schützen. Im Alter von vier Jahren kehren die Jungen dann auf die Insel zurück, wo sie das Licht der Welt erblickten.

Kurzinformation:

Innerhalb des Forts befindet sich das «Visitor Center» des Dry Tortugas National Park.

Voyageurs National Park

Der Voyageurs National Park an Minnesotas Grenze zu Kanada schützt ein nordisches, grünblaues Mosaik glitzernder Seen und Wasserwege, mit dazwischengesprenkelten Inseln und weiten Wäldern, das einst von den «Voyageurs», den frankokanadischen Pelztierjägern des 18. und frühen 19. Jahrhunderts, durchreist und erforscht wurde. Weil Wasser das beherrschende Elemente der Landschaft ist und Straßen im Park nicht existieren, durchquert man das Gebiet vorzugsweise mit dem Boot, entweder per Segel-, Motor- oder Hausboot, am besten mit dem Kanu, wie es die Voyageurs taten. Über 30 kleine und größere Seen liegen über die Region verstreut, in gletschergeschliffenen Vertiefungen, die in vier verschiedenen Vergletscherungsperioden in der letzten Million Jahre entstanden.

Niedrige Erhebungen und Kammlinien ziehen sich über das Land, zwischen ihnen breiten sich Sümpfe und Marschen mit reichhaltiger Flora und Fauna aus. Viele Biberburgen sind über die Gewässer verstreut, die fleißigen Bewohner lassen sich am besten während der Dämmerungsstunden beobachten. Die Voyageurs, mutige und überlebenserfahrene Männer, geheimnisumwobene, bunte Charaktere, die in kein zivilisatorisches Schema passten, blieben auf der Suche nach Bibern und anderen Pelztieren wochen- und monatelang in der Wildnis. 16 Stunden Paddeln und Jagen am Tag waren keine Seltenheit.

Hunderte von Kilometern zogen sie ins Hinterland, bevor sie mit ihren pelzbeladenen Frachtkanus nach Montreal zurückkehrten. Sie machten sich unterwegs wertvolle Erfahrungen zunutze, indem sie beispielsweise indianische Birkenrindenkanus bauten. Die Pelztierjäger benannten auf ihren Streifzügen Inseln und Wasserwege, deren französische Namen noch heute auf den Landkarten stehen. Ihre wichtigste etablierte Reiseroute erhielt politische Bedeutung, als man 1783 bei der kanadisch-amerikanischen Grenzziehung den Verlauf mit berücksichtigte. 90 Kilometer des sogenannten «Voyageurs Highway» sind heute im Voyageurs National Park eingeschlossen.

Viele Vogelarten leben im Park, darunter Adler, Reiher, Eisvögel und die «Loons», die Seetaucher, deren markanter Ruf und hübsch gezeichnetes, schwarzweißes Gefieder unverkennbar sind. Für eine andere Tierart aber ist der Voyageurs National Park berühmt, liegt er doch am Rande der einzigen Region in den 48 zusammenhängenden Bundesstaaten der USA, wo seit langen Jahren Wölfe leben, die in anderen Naturschutzgebieten erst wieder unter erheblichen Mühen, Kosten und großen Protesten der benachbarten Rancher angesiedelt wurden. Doch die scheuen Wölfe, die in bis zu zwölfköpfigen Rudeln leben, bekommt der Kurzbesucher so gut wie nie zu Gesicht, allenfalls hört er ihr schauriges Heulen durch den nächtlichen Wald.

Kurzinformation:

Der Voyageurs National Park besitzt drei Parkinformationen: Ash River Visitor Center und Kabetogama Lake Visitor an seinem Südrand sowie Rainy Lake Visitor Center am Westrand.

Isle Royale National Park

Der Isle Royale National Park schützt eine mitten im Lake Superior zwischen kanadischem und US-amerikanischem Festland gelegene großartige Wildnis, eine von menschlichen Einflüssen weitgehend verschonte Insel mit einer Vielzahl größerer und kleinerer Seen, tief eingeschnittenen Buchten und bewaldeten Bergen.

Seit 1931 steht dieses Juwel der Großen Seen als Nationalpark unter Schutz. Bis heute hat sich Isle Royale wieder völlig regeneriert, nachdem sie bei der Ausbeutung von Kupferminen im letzten Jahrhundert in großen Arealen gerodet worden war. Doch die Besiedlung war nur temporär, und schnell wurde die Insel von den Minenarbeitern wieder verlassen.

Auf Isle Royale gibt es keine Straßen, nur Fußwege, ansonsten führen alle Wege ausschließlich per Boot außen um die Insel herum. Den wahren, ursprünglichen Wildnischarakter erlebt man aber nur, wenn man auf einem Campingplatz übernachtet und einige der insgesamt 267 Kilometer Wanderwege erkundet. Schnell umfängt den Besucher die spezielle Atmosphäre dieser Insel, beginnt der natürliche Rhythmus von Licht und Schatten, Tag und Nacht zu überwiegen, wenn man, mit dem Nötigsten beladen, auf schmalen Pfaden dahinwandert.

Isle Royale weist ein einzigartiges ungestörtes Ökosystem auf, das gesunde Tier- und Pflanzenpopulationen beheimatet. Wölfe und Elche waren ursprünglich nicht heimisch auf der Insel. Die Großhirsche gelangten Anfang dieses Jahrhunderts vom kanadischen Festland nach Isle Royale, aller Vermutung nach kamen sie herübergeschwommen. Sie hatten auf der Insel zunächst keine Feinde zu befürchten und konnten sich wie im Schlaraffenland ungehindert vermehren. War ihre Zahl zu stark angestiegen und das Futter knapp, gingen die schwächsten Tiere im Winter zugrunde. Anschließend erholte sich die Elchpopulation wieder bis zum nächsten strengen Winter, ein steter, gleichförmiger Kreislauf, bis die Wölfe eingriffen.

Über eine Eisbrücke von Kanada wanderten im strengen Winter 1948/49 Wölfe auf die Insel ein. Von da an standen Elch- und Wolfpopulation in einem entgegengesetzten Gleichgewicht, ein gesunder ökologischer Kreislauf, in der keine Tierart die Oberhand gewinnt. Mit sinkender Raubtierzahl vermehren sich die

Beutetiere ungehindert. Mit steigender Elchpopulation finden die Wölfe mehr Beute und pflanzen sich ihrerseits verstärkt fort, während die Anzahl der Elche postwendend zurückgeht.

Kurzzeitbesucher, aber auch Wanderer, erhalten auf der Insel nur selten die Chance, einen Blick auf die überaus scheuen, faszinierenden Wölfe zu werfen, deren Anzahl zwischen zwölf und 50 Tieren schwankt. Die Wölfe können sich auf der 70 Kilometer langen und 15 Kilometer breiten Insel bestens verstecken. Viel eher bemerken sie den Menschen in ihrem Revier, der sich der Nähe der Wölfe oft gar nicht bewusst ist. Elche dagegen lassen sich mit sehr viel größerer Wahrscheinlichkeit beobachten, beste Zeiten sind die Dämmerungsstunden an den einsamen Seeufern.

Zur Insel gelangt man entweder per Boot oder per Wasserflugzeug, für alle wird Reservierung verlangt. Die mit 35 Kilometern kürzeste Strecke, Grand Portage (Minnesota) – Windigo, nimmt zwei Stunden Fährzeit in Anspruch. Das Boot umkreist die Insel und setzt an verschiedenen Punkten Passagiere ab oder nimmt sie wieder auf. Die nächstkürzere Strecke, Copper Harbor (Michigan) – Rock Harbor, ist 90 Kilometer lang und erfordert bereits 4,5 Stunden Fährzeit.

Auf dem Speisezettel des Wolfs ist der Mensch nicht vorgesehen

Rock Harbor bietet Campingplätze im Hinterland, die allerdings nicht reserviert werden können. Zur Übernachtung besorgt man sich bei einer der Rangerstationen eine kostenfreie Genehmigung (Permit). Die einzige komfortable Übernachtungsmöglichkeit auf Isle Royale besteht in der Lodge in Rock Harbor.

Mammoth Cave National Park

Der Mammoth Cave National Park im südwestlichen Kentucky beherbergt unter seinen Laubwäldern und Mittelgebirgshöhen das mit 556 Kilometern längste erforschte Höhlensystem der Welt. Aber noch sind nicht alle unterirdischen Gänge, Schächte und Wege und ihre kunstvollen Formationen erkundet, weil man einfach nicht weiß, wie viele Kilometer es überhaupt noch gibt – wie passend erscheint uns der Name «Mammuthöhle» für dieses gigantische Höhlensystem. Ausgedehnte Gänge, 60 Meter breite und genauso hohe Höhlen, 30 Meter tiefe Löcher präsentieren sich in einem unglaublichen Gewirr, das sich in alle Richtungen unter der Erde ausdehnt.

Vieles gibt es, was in diesem Reich der Schatten die Phantasie anregt und die Sinne fordert. In der dunklen Unterwelt hat sich eine eigene Tierwelt etabliert, so haben sich Fische, Spinnen und Käfer ohne Augen und ohne Farbe an die Gegebenheiten der ewigen Dunkelheit und Stille angepasst. Auch Menschen zog es immer in die Höhle, der Abenteuerlust oder des schieren Vergnügens wegen, aber auch kommerzielle Interessen traten schon früh auf. 1812 wurde in der Höhle Salpeter gewonnen, das für die Munitionsproduktion während des Krieges mit Großbritannien gebraucht wurde. Das Regenwasser, das die Landschaft Kentuckys so erfreulich grün hält, ist hier durch porösen Kalkstein gesickert und hat sich in unterirdischen Flüssen gesammelt, die dann mit Hilfe gelöster Säuren den Kalkstein wegschwemmten und die Erde im Zeitlupentempo aushöhlten. Je mehr Wasser von oben nachsickerte, um so tiefer bohrte es sich nach unten in das Erdinnere, ein geologischer Prozess, der noch längst nicht abgeschlossen ist. Mammoth besitzt auch heute noch geheimnisumwitterte unterirdische Flüsse wie den Echo River, auf dem Höhlentouristen entlangfahren können. Schon die Namen auf der Höhlenkarte scheinen uns eine ehrfurchtsvolle Ahnung von dem zu geben, was sich an Naturschönheiten in den unterirdischen Labyrinthen verbirgt: Rocky Mountains, Mary's Vineyard, Rock of Gibraltar, Alice's Grotto, Grand Canyon, Frozen Niagara, Moonlight Dome und Crystal Lake mit seinen zu Stein «gefrorenen Niagarafällen».

Auch oberhalb der subterranen Pracht ist der dicht bewaldete Mammoth Cave National Park mehrere Blicke wert. Wir schließen der Höhlentour eine einstündige Kreuzfahrt auf dem Green River durch das Parkgelände an, das daneben als ideales Wandergebiet im Mittelgebirge gilt.

Kurzinformation:

Das «Visitor Center» des Mammoth Cave National Park befindet sich in der Nähe des historischen Eingangs.

Hot Springs National Park

Ein Nationalpark der anderen Sorte. Der Grundgedanke zur Etablierung des in Arkansas, westlich der Hauptstadt Little Rock, gelegenen Hot Springs National Park war nicht der Schutz eines besonders fragilen Naturareals, sondern die Nutzung heißer Mineralquellen zum Badebetrieb. Indianer kannten die Hot Springs schon seit 10 000 Jahren, für sie war es ein neutraler Ort, an dem sie gemeinsam badeten. Von den weißen Einwanderern wurden die Quellen im späten 17. Jahrhundert entdeckt, als nachgewiesenermaßen französische Trapper das Gebiet durchquerten.

Hot Springs wechselte mit dem Ankauf des Louisiana Territory 1803 in US-Besitz, und bereits im folgenden Jahr wurde eine Expedition zu den geothermalen Quellen geschickt. Nachfolgende Berichte lockten die ersten Badegäste in die grünen Berge von Arkansas. Bereits 1832 wurde das erste Areal als Park etabliert. Der Badebetrieb florierte, und immer mehr Gäste kamen, um in den heißen Quellen zu baden, sich zu entspannen und Leiden zu kurieren. Erst um die Jahrhundertwende erfolgte eine genau definierte Aufgabenteilung.

Die Parkverwaltung ließ das heiße Wasser aus verschiedenen Quellen zentral speichern und von dort weiterverteilen, private Badehäuser nahmen die Gäste auf. 1921, nach der Gründung des Hot Springs National Park, entstanden in der Stadt an der Bathhouse Row monumentale Badehäuser mit bester Ausstattung und höchster Eleganz, die über Nacht zu großen Touristenattraktionen wurden. Aus sämtlichen kleinen und größeren Häusern dampfte es, schmucke Kutschen mit geschmackvoll gekleideten Besuchern fuhren gemächlich die Hauptstraße auf und ab. Nach dem Zweiten Weltkrieg flaute der Besucherstrom ab, einige Badehäuser wurden sogar geschlossen.

Heutige Aktivitäten umfassen eine einführende Diaschau im Fordyce Bathhouse Visitor Center, Thermalbäder in der Bathhouse Row sowie einen Abstecher zum Hot Springs Mountain Observation Tower, dem Aussichtsturm auf dem 317 Meter hohen Hot Springs Mountain östlich der Stadt.

Kurzinformation:

Das «Visitor Center» des Hot Springs National Park liegt an der SR 7 in der Nähe der Quellen.

Nationalparks in Alaska

Kobuk Valley National Park

Das trockenkalte, breite Tal entlang des Kobuk River erstreckt sich komplett nördlich des Polarkreises im Nordwesten Alaskas. Wie das Blatt eines Baumes ist der Park geformt, seine Grenzen folgen natürlichen Landschaftslinien, umfassen das Dränagegebiet des Kobuk River zwischen den Baird Mountains im Norden und den Waring Mountains im Süden. Es ist kein ausgeprägtes Gebirgsland, nur knapp über 1000 Meter Höhe werden in den Baird Mountains erreicht. In dieser Region vollzieht sich ein markanter Landschaftswechsel. Der boreale Wald der Taiga mit seinen Espen, Birken und Fichten hat hier seine nördlichen Grenzen erreicht und geht allmählich in vereinzelten Bauminseln und die schier endlose arktische Tundra über.

Mit 64 Quadratkilometern sind die bis zu 30 Meter hohen Kobuk Sand Dunes die größten Sanddünen im arktischen Alaska. Die U-förmigen Wellen der Sandbänke südlich des Kobuk River, angeschwemmt und angeweht vom Wind und dem Wasser der Gletscherflüsse vor rund 150 000 Jahren, ergeben ein phantastisches, urzeitliches Bild. Wir erreichen die Dünen nach einem kurzen Fußmarsch entlang des Kavet Creek (Kavet bedeutet in der Eskimosprache «bewegender Sand»), wo wir stellenweise tief in die feinsandigen, scheinbar bodenlosen Sandmassen einsinken.

Ein Besuch im Kobuk Valley ist ein Trip in die Wildnis. Völlig unerschlossen präsentiert sich der einsame Park seinen wenigen weit gereisten Besuchern, die in den hellen Tagen und Nächten des kurzen, warmen Sommers per Flugzeug via Kotzebue kommen. Er bietet ihnen keinerlei Infrastruktur, nicht einmal ausgebaute Wanderwege und schon gar keine Straßen. Bis auf eine verschwindend geringe Zahl von Indianern, Eskimos und weißen Einsiedlern ist die gesamte Parkregion fast völlig unbewohnt.

Für ambitionierte Wildniscamper und eingefleischte Nordlandfans gibt es eine hervorragende Möglichkeit zur Durchquerung des Parks. Breit und träge fließt der Kobuk River mit nur geringer Strömung und kaum merklichem Gefälle, ein idealer Fluss für eine einwöchige Kanutour durch den Park. An einer Stelle, noch 240 Kilometer vom Meer entfernt, liegt der Kobuk River nur auf etwa 15 Meter Meereshöhe. Ganz Ambitionierte starten im Quellgebiet am Walker Lake im Gates of the Arctic National Park und verlängern dadurch die Tour um einige Tage.

Besonders prachtvolle Tierbeobachtungen vermitteln die großen Karibuherden. Die nordamerikanischen Rentiere kreuzen zweimal im Jahr den Kobuk River. Im späten Frühjahr wandern sie zu den sommerlichen Futtergründen in der nördlichen Tundra, im Spätsommer kehren die Nomaden des Nordens zurück zu ihren winterlichen Futtergründen in der Taiga. Archäologische Grabungen bei Onion Portage zeigen, dass hier die Eskimo seit rund 12 500 Jahren auf Karibujagd gehen.

Karibus sind eine Unterart des Rens (Trughirsche)

Gates of the Arctic National Park

Was auf der Landkarte wie ein kleiner Fleck in Alaskas hohem Norden aussieht, entpuppt sich als der zweitgrößte Nationalpark der USA. Mit 34 000 Quadratkilometern nördlich des Polarkreises sind seine riesigen Dimensionen vergleichbar mit denen des Bundeslandes Nordrhein-Westfalen, nur dass anstelle von 18 Millionen Einwohnern einzig die kleine Eskimosiedlung Anaktuvuk und ansonsten nur ganz sporadisch Häuser von Indianern und Weißen existieren. In dieser weitgehend menschenleeren Region der kurzen, milden und mückenreichen Sommer und der schier endlosen, eisigen Winter am «Tor zur Arktis» trifft der boreale Wald der Taiga auf die grüne, baumlose Tundra, deren flache Permafrostlandschaft allmählich den eisigen Fluten des Nordpolarmeeres zustrebt.
Der vom Noatak River und zahllosen anderen reißenden Flüssen und wilden Bächen gequerte Park liegt im Herzen der schnee- und eisbedeckten, rauhen Brooks Range, der nördlichsten Fortsetzung der Rocky Mountains. Höchster Berg der Brooks Range innerhalb des Parks ist der schroffe Mount Igikpak (2594 Meter). Mitten auf seiner Gipfellinie verläuft die kontinentale Wasserscheide, nach Norden fließt alles Wasser ins Nordpolarmeer, nach Süden über den Yukon River in den Pazifik.
Pure, unerschlossene Wildnis und harte, wechselhafte klimatische Bedingungen charakterisieren die immense Berg- und Tundralandschaft des Gates of the Arctic National Park, der uns ultimative Arktiserfahrungen vermittelt. In der ungebrochenen Einsamkeit stören keine Straßen, keine Wanderwege, keine Campingplätze den jahrtausendealten Lauf der Dinge. Zugang besteht per Flugzeug von Fairbanks via Bettles/Evansville und Anaktuvuk Pass, im Park selber kommen gut ausgerüstete Wildnisenthusiasten nur zu Fuß oder per Kanu, Kajak oder Floß weiter, allein auf sich und ihre Erfahrung gestellt wie zur Jahrhundertwende die ersten Forscher.
Einige Kilometer östlich verläuft parallel der Nationalparkgrenzen und der Alaska Pipeline der geschotterte Dalton Highway von den Gestaden des Nordpolarmeeres südwärts, das einzige zivilisatorische Zugeständnis weit und breit. Doch vom Highway führt keine einzige Stichstraße in den Nationalpark.

Denali National Park

In all seiner berückenden Schönheit und grenzenlosen subarktischen Wildheit stellt der Denali die Krönung der knapp 1000 Kilometer langen Alaska Range, des steinernen Rückgrates des südlich-zentralen Alaska, dar. Mit seinen 6194 Metern ist der Denali das höchste Bergmassiv Nordamerikas. Relativ isoliert, erhebt sich der gewaltige Granitberg aus der Alaska Range, ragt unglaubliche 5500 Meter in der Vertikalen aus den umgebenden Tälern empor. Schon aus der Ferne dient seine weiße, tief vergletscherte Schneekuppe als Orientierungspunkt.
Erstmals wurde der Denali 1913 bestiegen. Drei Jahre zuvor waren vier Minenarbeiter aus Kantishna mit Schlittenhunden den Muldrow-Gletscher hinauf bis auf 3600 Meter Höhe gekommen. Zwei Teilnehmer dieser sogenannten «Sourdough»-Expedition hatten daraufhin in einer bergsteigerischen Meisterleistung den nur 260 Meter niedrigeren Nordgipfel des Denali erklommen, der vom Tal aus wie die höchste Spitze ausgesehen hatte.
Erst als die Expeditionsteilnehmer einen Mast auf den Gipfel steckten, erblickten sie den höheren Südgipfel. Heute ersparen sich Berg-

Bergriese macht sich sein eigenes Wetter

Vielfarbenpass hält, was er verspricht

steiger dank moderner Logistik lange Anmarschwege und lassen sich auf ein Basiscamp in rund 2200 Meter Höhe auf den südseitigen Kahiltna-Gletscher einfliegen. Dann geht es über die Westseite zum Gipfel, ein seit frühen Besteigungsversuchen unverändert abenteuerliches und gefährliches Unternehmen. Nach Belieben produziert der Denali sein eigenes Wetter. Den unglaublich harschen Witterungsverhältnissen und eiskalten, reißenden Gipfelstürmen sind bisher über 80 Bergsteiger zum Opfer gefallen.

Der Nationalparkname wechselte 1980 zu «Denali», was in der Sprache der Athapasken-Indianer «Der Hohe» heißt. Trotz des mittlerweile allgemein gebräuchlichen traditionellen Namens heißt der höchste Gipfel offiziell immer noch Mount McKinley, nach dem ehemaligen US-Präsidenten William McKinley.

Landschaftlich beeindruckt der Denali National Park durch seine außergewöhnliche Vielfalt. Nur in den sedimentbeladenen, breiten Tallagen der Flusstäler wachsen Bäume, dominiert unter dem Einfluss des kurzen, warmen Sommers eine nordische Taiga mit Fichten, Espen, Birken, Lärchen und Pappeln. Bereits ab 800 Meter Höhenlage erfolgt an den Berghängen der Übergang zur kargen, alpinen Tundra. Welch beeindruckender Gegensatz ist hier zu finden, bietet diese auf den ersten Blick abweisende Umgebung mit ihrem niedrigen Pflanzenbewuchs doch einen idealen Lebensraum für mächtige Säugetiere wie Grizzlybären, Elche, Dallschafe, Karibus und Wölfe.

An der Ostseite des Denali verläuft der George Parks Highway von Anchorage nach Fairbanks, er gibt schon von weitem ein prächtiges Panorama auf den weißen Bergriesen frei. Direkt in den Nationalpark hinein, dem mit über 24 000 Quadratkilometern drittgrößten amerikanischen Nationalpark, strebt nur eine einzige, insgesamt 150 Kilometer lange Straße. Die für den allgemeinen Autoverkehr gesperrte Route ist Ausgangspunkt zu zahlreichen Wanderungen in die nähere Umgebung und das Hinterland.

In beeindruckender Linienführung zieht sich die Nationalparkstraße auf der Nordseite der Alaska Range entlang der Outer Range. Nach wenigen Kilometern verlässt sie die bewaldete Taiga und verläuft oberhalb der Baumgrenze durch die Tundra. Spätestens dann sehen wir den Denali in weiter Ferne aufleuchten, mehr als 110 Kilometer Luftlinie entfernt. Genau in der Mitte der Strecke gefällt uns die Trundralandschaft am besten, mehrere Pässe liegen zwischen 1100 und 1200 Meter Höhe. Der Polychrome Pass hält, was der Name verspricht, und wir genießen die faszinierende Aussicht auf eine Szenerie farblich unterschiedlicher Gesteinsschichten vor dem fernen Denali. Hinter dem Highway Pass, dem mit 1213 Meter höchsten Punkt der Parkstraße, führt ein kurzer Pfad auf den Aussichtspunkt des Stony Hill.

Inuit (Eskimo) im Kajak

Textfortsetzung Seite 193

Eleganz in Blau in den Sümpfen des Everglades National Park, Florida

nächste Doppelseite: *Mangrovensümpfe im Everglades National Park*

Riesige Tropfsteingebilde im Carlsbad Caverns National Park, New Mexico

von oben nach unten:
– Die Schlucht von Devil's Hall. Guadalupe Mountains National Park, Texas
– Tropfsteingebilde im Guadalupe Mountains National Park
– Texas-Madrone-Bäume im Guadalupe Mountains National Park
– Stalagmit im Carlsbad Caverns National Park, New Mexico
– Big Rooms im Carlsbad Caverns National Park
– Im Guadalupe Mountains National Park
– Im Guadalupe Mountains National Park
– In einem Nationalpark des Südens

Die Chisos Mountains, durch einen Ocotillo-Busch gesehen. Big Bend National Park, Texas

Kakteen über dem Rio Grande an der mexikanischen Grenze. Big Bend National Park

Chisos Mountains im Big Bend National Park

Kaktusgebilde über dem Rio Grande. Big Bend National Park

Der Rio Grande im Santa Elena Canyon. Big Bend National Park, Texas

Santa Elena Canyon. Big Bend National Park

nächste Doppelseite: *Herbstliche Spiegelungen im Little River Valley. Great Smoky Mountains National Park, North Carolina/ Tennessee*

übernächste Doppelseite: *Cades Cove: ein Herbstmorgen im Great Smoky Mountains National Park*

Auf dem Kamm der Appalachen im Shenandoah National Park, Virginia

Urzeitlicher Granit im Shenandoah National Park (Rag Top Mountain)

Granit-Hochfläche auf dem Cadillac Mountain. Acadia National Park, Maine

Vom Eielson Visitor Center bis Wonder Lake erleben wir bei selten gutem Wetter die beste Sicht auf den Denali. In unmittelbarer Nähe der auf alten Gletschermoränen verlaufenden Straße zeigt sich der mächtige, schuttübersäte, 50 Kilometer lange Muldrow-Gletscher, und es bedarf schon eines genauen Blickes, um unter den Geröllmassen die Gletscherzunge auszumachen. Hier nimmt der McKinley River, der eisige, vielarmige Gletscherfluss, seinen Anfang. Am Wonder Lake ist der Nordgipfel des Denali schließlich nur noch 44 Kilometer Luftlinie entfernt.

Der touristische Zugang auf dieser Strecke ist auf Bustouren beschränkt. Die Tour ins Hinterland des Denali National Park verlangt zwar ausreichend Geduld, denn Hin- und Rückfahrt zum Wonder Lake dauern rund elf Stunden, aber der Ausflug mit den Shuttle-Bussen zählt zum Allerschönsten, was Alaska zu bieten hat. Unbegrenztes Ein- und Aussteigen ist an vielen Stellen möglich.

Und keine andere Straße in Alaskas hochalpinem Hinterland bietet bessere Gelegenheiten zu Tierbeobachtungen. Durch den stark limitierten Verkehr wird die Tierwelt nicht in das Hinterland vertrieben, sondern sie betrachtet auch die Park Road als Teil ihres Lebensraums. Der Shuttle-Bus legt sofort einen Stop ein, wenn die Passagiere Tiere erspäht haben. Oft verweilt die im Park lebende Karibuherde in Straßennähe, nutzt die breite Schotterstraße als Trampelpfad und hält zur Freude aller Fotografen den Verkehr minutenlang auf. Auch Grizzlybärsichtungen sind während der Shuttle-Bus-Fahrt fast garantiert. Die gefräßigen Bären halten sich dermaßen häufig am Sable Pass auf, dass das Gebiet zu beiden Seiten der Straße für Wanderer vollkommen gesperrt ist.

Wenn auch die Wetterverhältnisse nicht immer mit den Touristen kooperieren, ist ein Trip dank der vielfältigen Tierbeobachtungen und prachtvollen Panoramapunkte bei einigermaßen freier Sicht ein unvergessliches Erlebnis. Der Denali zeigt sich im Durchschnitt nur an jedem vierten Tag völlig wolkenfrei, aber oft überrascht das Bergmassiv den Betrachter nach ein oder zwei Tagen bangen Wartens mit unverdeckter Sicht, ein aufregender Anblick, denn «der Hohe» wirkt aus der Nähe noch weit mächtiger und größer als erwartet.

Lake Clark National Park

Der abgelegene Lake Clark National Park am Cook Inlet liegt am westlichen Ende der Alaska Range und am östlichen Ende der Aleutian Range, die sich weit in den Nordpazifik hinaus erstreckt. Beide schroffen Bergketten treffen im Park aufeinander, zwischen ihnen erheben sich in einem zerklüfteten, steinernen Chaos von ungeahnten Ausmaßen die granitenen Gipfel der Chigmit Mountains. Die überwältigende Einsamkeit und scheinbare Beschaulichkeit einer ungestörten Natur stehen im krassen Gegensatz zur geologischen Ruhelosigkeit unterhalb der Erdoberfläche. In diesem Teil Alaskas taucht die pazifische Erdplatte unter die nordamerikanische Festlandplatte. Die daraus resultierende Plattenreibung an den unsanft und unaufhaltsam aufeinander treffenden Stellen verursacht hohe Temperatur- und Druckanstiege, deren gewaltige tektonische Kräfte sich explosiv und heftig in Erdbeben und Vulkanausbrüchen entladen. Zu dieser Zone der zusammentreffenden Erdplatten, dem Pazifischen Feuerring entlang der gesamten pazifischen Küste, zählen auch die Chigmit Mountains.

Relativ steil fallen die Ostseiten von Iliamna Volcano (3053 Meter) und Redoubt Volcano (3108 Meter) auf kurzem Weg zum Meer hin ab, nur 15 Kilometer Luftlinie liegt der mächtige

Iliamna Volcano von den nebelumwehten Ufern des Cook Inlet entfernt. Diese zwei nicht nur unterschwellig fauchenden, majestätischen Vulkane, beide eis- und schneebedeckt, mit tief ins Tal reichenden Gletschern, spielen eine Hauptrolle im vulkanischen Geschehen. Aus den Gipfeln entweichende Dampfwolken beweisen unablässige unterirdische Aktivität und deuten auf die vergangenen und potentiell zukünftigen Kraftakte der Vulkane Süd-Alaskas. Mit ungeheurer Wucht und Getöse eruptierte der Redoubt Volcano zuletzt 1966, 1989 und 1990. 1989 verstopften seine dichten Aschewolken die Motoren eines Düsenjets, der dabei dramatisch an Höhe verlor und nur knapp einer Katastrophe entging. Der im Nordwesten, knapp außerhalb des Parks gelegene Mount Spurr eruptierte gleich zweimal in jüngster Zeit, 1992 und 1993, wobei er den Flugverkehr nach Anchorage beträchtlich behinderte.

Welch ein anderes Bild vermittelt der südwestliche, von den ausgedehnten, spiegelnden Wasserflächen des Lake Clark dominierte Parkteil. Ein weniger dramatischer Charakter ist dieser Landschaft am Fuße der steilen Gebirge eigen. Die wild und frei strömenden Flüsse und die mückenreichen Gefilde der im Flachland gelegenen, feuchten Tundra, die glitzernden Seen, die dichten Wälder und baumlosen, kalten Hänge der trockenen Tundra sind leichter zugänglich. Am Lake Clark bestehen Fischercamps, die von einheimischen Indianern zum Lebensunterhalt ihrer Familien benutzt werden. Auch für Touristen ist das Angeln hier möglich.

Nur ein einziger Wanderweg von vier Kilometer Länge verläuft von der Parkverwaltung in Port Alsworth am Ufer des Lake Clark zu den spektakulären Tanalian Falls. Sonst präsentiert die immense Fläche von 16 000 Quadratkilometern Nationalparkgelände nur unberührte Wildnis, in der man querfeldein wandert und keine Hütten, keine etablierten Wege oder sonstige zivilisatorische Wohltaten vorfindet.

Der Lake Clark National Park ist in der Regel nur per Wasserflugzeug erreichbar. Die Flugzeit beträgt eine Stunde ab dem östlich gelegenen Anchorage.

Katmai National Park

Bären und Vulkane sind die zwei einzigartigen Merkmale des Katmai National Park. Wie sein Nachbar Lake Clark liegt Katmai an der Nahtstelle der pazifischen und der nordamerikanischen Festlandplatte, am Pazifischen Feuerring, der aktiven Vulkan- und Erdbebenzone rings um den Pazifik.

Eine der größten Vulkaneruptionen der Menschheitsgeschichte geschah in diesem Park am 6. und 7. Juni 1912. Der Ausbruch des Vulkans Novarupta (heute 1481 Meter) war zehnmal stärker als die schon spektakuläre Eruption des Mount St. Helens 1980. Trotzdem waren keine Opfer zu beklagen. Das Terrain des heute 16 000 Quadratkilometer großen Nationalparks war praktisch unbewohnt, daher führen nur wenige Statistiken den Vulkanausbruch überhaupt auf.

Es gibt kaum mehr 1000 Ureinwohner auf den Aleuten-Inseln (zu Alaska gehörend)

Zugang in den 470 Kilometer südwestlich von Anchorage gelegenen regen- und windausgesetzten Berg- und Küstenpark an der Shelikof Strait besteht per Flugzeug, zunächst geht es nach King Salmon, dann per Anschlussflug oder Boot zum Brooks Camp. Von der Parkinformation nahe der Brooks Falls folgen wir per Minibus einer 37 Kilometer langen Schotterpiste weiter zum Valley of Ten Thousand Smokes. Nach einem 2,5 Kilometer langen Pfad erreichen wir die einst namenlosen Täler des Knife Creek und Ukak River, die 1912 unter einer 60 Meter dicken Ascheschicht versanken. Als es nach der Eruption dort überall unentwegt qualmte, wurde der Name «Valley of Ten Thousand Smokes», das «Tal der zehntausend Rauchwolken» geprägt. Noch heute steigen vereinzelte heiße Dampfwolken aus dem grandiosen Tal auf. Mittlerweile haben sich die Flüsse durch die kompakte Tuffstein- und Ascheschicht tiefe, steile Schluchten bis auf ihren ursprünglichen Grund gegraben, an deren vertikal abfallenden Rändern pittoresk erodierte Felstürmchen aufragen.

Die Vulkane am östlichen Ende der Aleutian Range verzeichnen bis auf den heutigen Tag heiße Phasen der Aktivität. Zuletzt schleuderte der Trident Volcano (1832 Meter) 1968 heiße Asche in die Luft, und die Spitze des Mount Martin (1844 Meter) dampft noch immer unentwegt.

Braunbären, auch Grizzlybären genannt, sind die zweite große Attraktion des seen- und flussreichen Katmai National Park. Der populärste Beobachtungspunkt liegt an den Brooks Falls zwischen Brooks Lake und Iliuk Arm des Naknek Lake. Ende Juli, wenn eine Million roter Lachse den mühsamen Weg flussaufwärts zu ihren Laichplätzen ziehen und über die zwei Meter hohe Stufe der Brooks Falls springen, sind auch die Ehrfurcht gebietenden Bären zur Stelle. Die springenden Lachse vor Augen und ihren knurrenden Magen spürend, haben die jagdbeflissenen Grizzlybären keine Zeit, sich um die zweibeinigen Besucher aus der Zivilisation zu kümmern. Sie fangen die wohlschmeckenden Fische, fressen sich satt und fett für den kommenden langen, harten Winter in der Höhle, sie baden, spielen und lassen es sich gut gehen.

Die männlichen Braunbären, Nordamerikas größte Landraubtiere, bringen es mit ihrer proteinreichen Lachsdiät so auf ein Gewicht von bis zu 450 Kilogramm, das sie mit etwa zehn Jahren erreichen. Von den eigens errichteten Plattformen ergeben sich beste Beobachtungsmöglichkeiten in unmittelbarer Bärennähe, aber selten kommen sich Mensch und Tier ins Gehege. Ebenso gerne geht Meister Petz zum McNeil River im angrenzenden McNeil River State Game Sanctuary auf Lachsfang, ein gleichermaßen idealer Ort zur Beobachtung der Braunbären.

Kurzinformation:

Das «Visitor Center» befindet sich nahe der Brooks Falls, an der einzigen Straße des Parks.

Kenai Fjords National Park

Der tief vergletscherte Kenai Fjords National Park auf der Südostseite der Kenai-Halbinsel ist einer der schönsten Küstenstriche Alaskas. In keinem Nationalpark lassen sich kalbende Gletscher und ewiges Eis leichter erreichen als hier.

Alaska rechnet in anderen Dimensionen, selbst sein kleinster Nationalpark besitzt noch eine Größe von beachtlichen 2700 Quadratkilometern. Rund 15 Meter Schneefall im Jahr speisen das 800 Quadratkilometer mächtige Harding Icefield auf dem Gipfelfeld der Kenai Mountains, das sich fast über die gesamte Länge des Parks erstreckt. In ihrem Überfluss näh-

ren die Niederschläge rund 30 bis in die Täler reichende Gletscher. Acht «Flüsse aus Eis» kalben sogar direkt in den Golf von Alaska, wo hochhausgroße Eisbrocken unerwartet mit ungeheurem Getöse ins Wasser donnern, dass es von den Bergen widerhallt und gelegentlich sogar bis zu 30 Kilometer weit zu hören ist.
Wo sich kein Eis ins Wasser stürzt, senken sich die Kenai Mountains dunkel und steil in den kalten Golf von Alaska. Aufgrund der kollidierenden tektonischen Platten unter der Erdkruste versinkt das extrem zerrissene Küstenland noch heute weiter ins Meer.
Allein nach dem Karfreitagserdbeben im Jahre 1964 sank die Küstenlinie auf einmal um zwei Meter. Einstige alpine Täler bilden heute tiefe Meeresfjorde von eindrucksvoller Wildheit. Der äußerste Nordostzipfel des Kenai Fjords National Park lässt sich vom Seward Highway über eine 15 Kilometer lange Stichstraße erreichen. Von dort wandern wir in ein paar Minuten entlang eines Geröllfeldes zum mächtigen Exit-Gletscher, dessen blauweiße Gletscherspalten sich zum Greifen nah vor uns aufreißen.
Ambitionierte Wanderer folgen von der tröpfelnden Gletscherzunge einem fünf Kilometer langen, parallel zur zerrissenen Gletscherflanke ansteigenden, steilen Wanderweg. 900 Meter höher ergibt sich eine phantastische Sicht auf die gleißend helle, ungestörte Einsamkeit des Harding Icefield. Aus dem ewigen Eis ragen die isolierten Gipfel der vom Eispanzer umschlossenen 2000 Meter hohen Berge heraus. Man nennt sie «nunataks», was in der Eskimosprache «einsame Berge» bedeutet.

Seelöwe

Eine hervorragende Möglichkeit, den Nationalpark zu erkunden, sind ganztägige Schiffstouren ab Seward. Die Seefahrten gehören zum Besten, was Alaska in dieser Hinsicht zu bieten hat. Vor unseren Augen eröffnet sich ein Mosaik spektakulär kalbender Gletscher und spitzer Eisberge, in einem fisch- und planktonreichen Meer, das die Heimat mächtiger Buckelwale, großer Seelöwen, verspielter Otter und einer einmaligen Vogelwelt ist, zu der insbesondere die auffallend bunten Papageitaucher gehören, die wir so zahlreich auf den vorgelagerten Felseninseln beobachten können. Auch die mächtigen Weißkopfseeadler sind an diesen Gestaden zu Hause.

Kurzinformation:
Das «Visitor Center» befindet sich in Seward am nördlichen Ende der Resurrection Bay.

Wrangell-Saint Elias National Park

Mit 54 000 Quadratkilometern ist der im südlich-zentralen Alaska gelegene Wrangell-Saint Elias National Park der größte amerikanische Nationalpark, in den die Schweiz spielend hineinpassen würde. Mit dem angrenzenden Kluane National Park im kanadischen Yukon Territory bildet er das größte zussammenhängende Wildnisschutzgebiet Nordamerikas, undurchdringliche Weiten schroffer Bergketten mit ewigem Schnee und Eis, mit unglaublichen Canyons und Tälern, verzweigten Flüssen, eiskalten Seen und einem beeindruckenden Tier- und Pflanzenreichtum.

In der Form eines Ypsilons treffen von Westen die beiden Bergketten Wrangell Mountains und Chugach Mountains zusammen und laufen nach Osten in den Saint Elias Mountains weiter, eine urtümliche Szenerie, die sich an nur wenigen Tagen ganz ohne Wolkenverhüllung in ihrer vollen wilden Schönheit zeigt. Zwischen beiden Bergketten verläuft der wilde, sedimentbeladene Chitina River, der den Nationalpark praktisch in zwei Teile trennt. Wie viele andere Bergzüge am geologischen Unruheherd des Pazifikrandes besitzen auch die Wrangell Mountains noch aktive Vulkane. Mount Wrangell (4317 Meter), der zuletzt 1939 eruptierte, deutet noch immer auf seine bloß gezügelte Energie, indem er gelegentlich sein Inneres aufkochen lässt und die Spannung mit heißen Dampfwolken entlädt.

Der Wrangell-Saint Elias National Park erfordert ein Denken in anderen Dimensionen. Mit 130 Kilometern Länge ist das Bagley Icefield auf der Chugach Mountain Range das längste außerpolare Eisfeld Nordamerikas. Nicht genug der Superlative – mit über 3000 Quadratkilometern bedeckt der Malaspina-Gletscher, der größte außerpolare Gletscher des Kontinents, eine weitläufigere Fläche als das Saarland. Aus seinem Eis ergießt sich ungezügelt der Copper River, der mächtigste Wasserweg der Region und ein exzellenter Wildwasserfluss für expeditionserfahrene Kajakfahrer und Rafter. Seine lachsreichen Gewässer formen die Westgrenze des Parks und münden nach 124 aufregenden Kilometern durch das denkbar rauheste Terrain der Chugach Mountains schließlich in den Golf von Alaska.

Innerhalb des Wrangell-Saint Elias National Park liegen neun der 16 höchsten US-Berge. Die Gipfel gehören zu den höchsten küstennahen Bergketten der Welt, der Mount-Saint Elias, mit seinen 5490 Metern der zweithöchste Berg der USA, ragt keine 30 Kilometer vom Meer entfernt empor.

Ein Besuch im Hinterland dieses Parks vermittelt wahrlich ein neues Lebensgefühl endloser Entdeckerfreuden, vielleicht ist dieser Gipfel oder dieser Gletscher noch nie von Menschen betreten worden.

Knapp außerhalb der Parkgrenzen verlaufen der Richardson Highway und der Tok Cut Off um die Nordwestseite des Parks. Trotz der immensen Größe des Wrangell-Saint Elias wagen sich nur zwei einsame Schotterstraßen in den Nationalpark vor. Sie führen als einzige, dem allgemeinen Verkehr freigegebene Straße in das Innere eines Alaska-Nationalparks. Aber was bedeuten in dieser gewaltigen Wildnis schon Dimensionen. Nach stundenlanger Fahrt auf den einfachen Schotterpisten scheinen die Riesenberge immer noch weit entfernt, wenngleich von unterwegs mächtige Gletscher zu sehen sind.
Beeindruckend rauh, schmal und kurvig vermittelt uns die McCarthy Road ab Chitina fast 100 Kilometer lang das «Feeling» einer Alaska-Schotterpiste, die man nur im Zuckeltrab bewältigen kann. Am Ende der Straße kurz vor McCarthy geht es ohne Auto weiter, über den Kennicott River nach Kennicott. Was einst eine überaus florierende Kupferminensiedlung war, gibt heute das Bild einer unbewohnten, aber noch guterhaltenen Geisterstadt ab, von der man auf einsamen Pfaden zum nahen Kennicott-Gletscher wandern kann.

Glacier Bay National Park

Per Boot gewinnt man allenfalls einen kleinen Einblick in den 13 000 Quadratkilometer großen Glacier Bay National Park. In die Buchten münden 16 haushohe Gletscher, allein zwölf davon kalben mit irrwitzigem Krachen direkt in die Glacier Bay – ihr Anblick während einer ganztägigen Kreuzfahrt gehört sicherlich zu den Höhepunkten eines Alaska-Besuchs. Ringsherum versammeln sich dunkle, mit Gletschern bedeckte Berge, wo hohe Niederschlagsmengen fallen. Höchster Berg im Nationalpark, nur 25 Kilometer vom Meer entfernt, ist der 4670 Meter hohe Mount Fairweather. Bis zum Ende des 18. Jahrhunderts war die Glacier Bay völlig mit Eis bedeckt. Als der britische Kapitän George Vancouver 1794 die Region erforschte, trug die Bucht eine 1200 Meter hohe, bis über 30 Kilometer breite Eisschicht. Was er erblickte, waren die Auswirkungen einer kleinen Eiszeit, die ihren Höhepunkt rund um das Jahr 1750 erreichte. Der Naturschützer John Muir fand schon 1879 eine um fast 80 Kilometer geschrumpfte Eismasse vor. Längst hat sich das Eis rund 100 Kilometer zurückgezogen und eine bis zu 20 Kilometer breite offene Bucht hinterlassen – die beeindruckende Glacier Bay.
Ein weiterer Glanzpunkt des Glacier Bay National Park sind Beobachtungen der seltenen Buckelwale (Humpback Whales), welche die Bucht als Futtergrund schätzen. Von ihren winterlichen Futterstätten im südlicheren Pazifik schwimmen sie im Sommer in den Norden, um in den nährstoffreichen Gewässern ihre Jungen aufzuziehen. Welch grandiose Anblicke bieten die bis zu 15 Meter langen Buckelwale, wenn akrobatisch und fast graziös ihre schweren Körper aus dem Wasser schnellen, oder wenn sie mit waagerecht gestellter, weit in die Höhe gereckter Schwanzflosse ins Wasser eintauchen. Ebenfalls in den Futtergründen zu Hause sind Schwertwale (Orcas), auch «Killerwale» genannt. Man erkennt die sieben Meter langen flinken Meeressäuger an ihrer auffällig schwarzweißen Zeichnung und ihrer markanten Rückenflosse.
Auch in den Glacier Bay National Park gibt es keine Zufahrt per Auto, aber der Park ist mit Zielort Gustavus per Flugzeug und ab Juneau per Boot zu erreichen.
Kurzinformation:
Die Glacier Bay Ranger Station befindet sich in Bartlett Cove.

Die schönsten Seiten der Welt in jedem terra magica Groß-Farbbildband

Max Schmid / Udo Sautter
KANADA
208 Seiten mit 100 Farbfotos auf 118 Farbbildseiten. 34 historische SW-Abb. Linson.
Großformat
ISBN 3-7243-0298-3

Max Schmid / Rainer Höh
NEUENGLAND (USA)
200 Seiten mit 164 Farbf. auf 110 Farbbilds., 12 SW-Abb., Karte, Linson.
Großformat
ISBN 3-7243-0316-5

Max Schmid / Heike + Bernd Wagner
AMERIKAS NATURPARADIESE
Die Nationalparks der USA
200 Seiten mit 118 Farbfotos auf 110 Farbbilds., 44 SW-Abb., Karte, Linson.
Großformat
ISBN 3-7243-0325-4

Max Schmid / Ulrich Sacker
KALIFORNIEN
200 Seiten mit 173 Farbfotos auf 110 Farbbildseiten, 10 SW-Abb. Linson.
Großformat
ISBN 3-7243-0304-1

Kenneth McKenney / div. Fotografen
MEXIKO
288 Seiten mit 283 Farbfotos auf 208 Farbbilds. 17 SW-Abb., Karte. Linson.
Großformat
ISBN 3-7243-0301-7

Max Schmid / Rainer Höh
ROCKY MOUNTAINS
200 Seiten mit über 170 Farbfotos auf 110 Farbbildseiten, 19 SW-Abb., Karte, Linson.
Großformat
ISBN 3-7243-0322-X

Brigitte + Emanuel Gronau / Peter Höh
Die sieben KANARISCHEN INSELN
120 Seiten mit 110 Farbfotos auf 62 Farbbildseiten, Karte, Linson.
Großformat
ISBN 3-7243-0320-3

Christian Prager / Peter Höh
KARIBIK
Große und Kleine Antillen
168 Seiten mit 153 Farbf. auf 86 Farbbilds., 20 SW-Abb., Karte. Linson.
Großformat
ISBN 3-7243-0310-6

Rudolf Braunburg
Die TRANSSIBIRISCHE EISENBAHN
Moskau–Wladiwostok
200 Seiten mit 163 Farbfotos auf 110 Farbbilds., 37 SW-Abb., Karte, Linson.
Großformat
ISBN 3-7243-0319-X

Max Schmid / Bedrich Rohan
ENGLAND WALES
192 Seiten mit 145 Farbfotos auf 102 Farbbildseiten. 17 SW-Abb. Linson.
Großformat
ISBN 3-7243-0307-6

Christian Prager / Hans-Peter Stoffel
NEUSEELAND
Schönster Süden der Welt
200 Seiten mit 162 Farbfotos auf 110 Farbbilds., 37 SW-Abb., Karte, Linson.
Großformat
ISBN 3-7243-0328-9

Traumkreuzfahrt in den HOHEN NORDEN Orkneys–Island–Spitzbergen–Nordkap–Norwegen
200 Seiten mit 155 Farbfotos auf 110 Farbbildseiten, 20 SW-Abb., Karte, Linson.
Großformat
ISBN 3-7243-0318-1

Die terra magica Weltreise geht weiter. In Ihrer Buchhandlung!

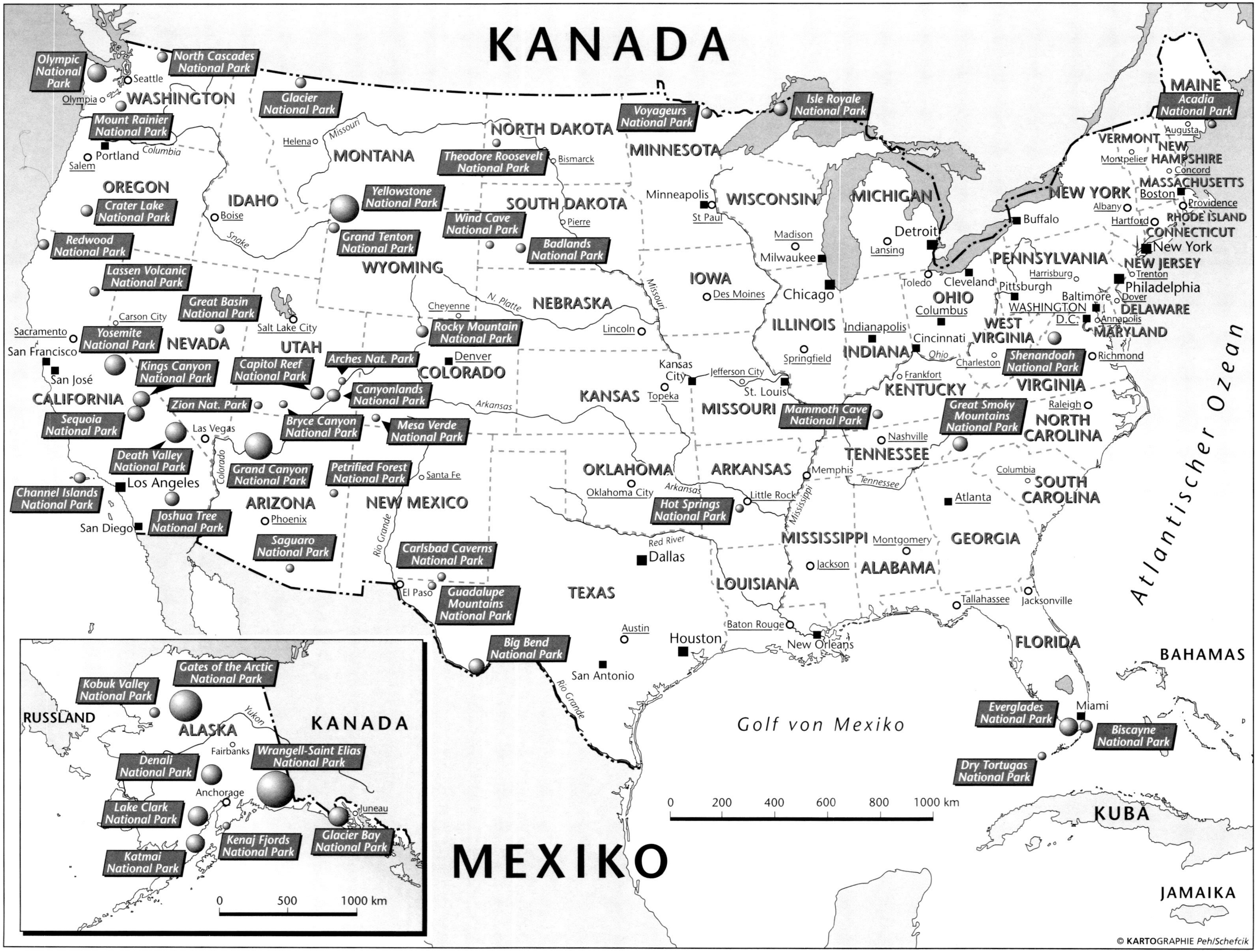
KANADA
MEXIKO
Atlantischer Ozean
Golf von Mexiko
BAHAMAS
KUBA
JAMAIKA
Olympic National Park
North Cascades National Park
Mount Rainier National Park
Glacier National Park
Crater Lake National Park
Redwood National Park
Lassen Volcanic National Park
Yosemite National Park
Kings Canyon National Park
Sequoia National Park
Death Valley National Park
Channel Islands National Park
Joshua Tree National Park
Great Basin National Park
Zion Nat. Park
Bryce Canyon National Park
Capitol Reef National Park
Arches Nat. Park
Canyonlands National Park
Grand Canyon National Park
Petrified Forest National Park
Mesa Verde National Park
Saguaro National Park
Yellowstone National Park
Grand Tenton National Park
Rocky Mountain National Park
Theodore Roosevelt National Park
Wind Cave National Park
Badlands National Park
Carlsbad Caverns National Park
Guadalupe Mountains National Park
Big Bend National Park
Voyageurs National Park
Isle Royale National Park
Hot Springs National Park
Mammoth Cave National Park
Great Smoky Mountains National Park
Shenandoah National Park
Acadia National Park
Everglades National Park
Biscayne National Park
Dry Tortugas National Park
WASHINGTON
OREGON
CALIFORNIA
NEVADA
IDAHO
MONTANA
WYOMING
UTAH
COLORADO
ARIZONA
NEW MEXICO
NORTH DAKOTA
SOUTH DAKOTA
NEBRASKA
KANSAS
OKLAHOMA
TEXAS
MINNESOTA
IOWA
MISSOURI
ARKANSAS
LOUISIANA
WISCONSIN
ILLINOIS
MICHIGAN
INDIANA
OHIO
KENTUCKY
TENNESSEE
MISSISSIPPI
ALABAMA
GEORGIA
FLORIDA
SOUTH CAROLINA
NORTH CAROLINA
VIRGINIA
WEST VIRGINIA
PENNSYLVANIA
NEW YORK
MARYLAND
DELAWARE
NEW JERSEY
CONNECTICUT
RHODE ISLAND
MASSACHUSETTS
VERMONT
NEW HAMPSHIRE
MAINE
WASHINGTON D.C.
Seattle
Olympia
Portland
Salem
Sacramento
San Francisco
San José
Carson City
Las Vegas
Los Angeles
San Diego
Boise
Helena
Salt Lake City
Phoenix
Cheyenne
Denver
Santa Fe
El Paso
Bismarck
Pierre
Lincoln
Topeka
Kansas City
Jefferson City
St. Louis
Oklahoma City
Dallas
Austin
San Antonio
Houston
Minneapolis
St Paul
Des Moines
Madison
Milwaukee
Chicago
Springfield
Lansing
Detroit
Indianapolis
Cincinnati
Frankfort
Nashville
Memphis
Little Rock
Jackson
Montgomery
Atlanta
Baton Rouge
New Orleans
Tallahassee
Jacksonville
Miami
Columbia
Raleigh
Richmond
Charleston
Toledo
Cleveland
Columbus
Pittsburgh
Harrisburg
Baltimore
Annapolis
Dover
Philadelphia
Trenton
New York
Buffalo
Albany
Hartford
Providence
Boston
Concord
Montpelier
Augusta
Columbia
Snake
Missouri
N. Platte
Arkansas
Colorado
Rio Grande
Red River
Mississippi
Ohio
Tennessee
0 200 400 600 800 1000 km
RUSSLAND
KANADA
ALASKA
Yukon
Fairbanks
Anchorage
Juneau
Gates of the Arctic National Park
Kobuk Valley National Park
Denali National Park
Wrangell-Saint Elias National Park
Lake Clark National Park
Kenaj Fjords National Park
Katmai National Park
Glacier Bay National Park
0 500 1000 km
© KARTOGRAPHIE Peh/Schefcik

von oben nach unten:
– Im Acadia National Park, Maine
– Cadillac Mountain, Acadia National Park
– Newfound Gap. Great Smoky Mountains National Park, North Carolina/Tennessee
– Im Zion Canyon, Utah
– Paintbrush und Sandstein. Zion National Park
– Im Olympic National Park, Washington
– Herbst im Guadalupe Mountains National Park, Texas
– Im Grand Teton National Park, Wyoming

nächste Doppelseite:
Inspiration Point im Bryce Canyon National Park, Utah